Norbert Frei

Einreden

Zu Zeitgeschichte und Zeitgenossenschaft

Norbert Frei

Einreden

Zu Zeitgeschichte und Zeitgenossenschaft

Wallstein Verlag

Bibliografische Information der Deutschen Nationalbibliothek
Die Deutsche Nationalbibliothek verzeichnet diese Publikation in der Deutschen Nationalbibliografie; detaillierte bibliografische Daten sind im Internet über http://dnb.d-nb.de abrufbar.

www.wallstein-verlag.de
Vom Verlag gesetzt aus der Aldus und der Calluna Sans
Umschlaggestaltung: Eva Mutter (evamutter.com)
Druck und Verarbeitung: Pustet, Regensburg
Wallstein: ISBN 978-3-8353-5821-8

Inhalt

Das nationalsozialistische Erbe

Die alte und die neue Rechte

Deutsch-Deutsches

Deutsche, Juden, Israel

Nach dem Überfall auf die Ukraine

Demokratieverachtung global

Das nationalsozialistische Erbe

Zeitzeugen

Die letzten Zeitgenossen der NS-Zeit sterben. Verschwindet mit ihnen auch die Erinnerung daran, dass Freiheit und Demokratie immer wieder neu erstritten werden müssen?

Was der Abschied von den Zeitgenossen der NS-Zeit für uns Nachgeborene bedeute, werde ich immer wieder gefragt. Dieser Tage, da die Medien vielfach an die »großen Toten« des zurückliegenden Jahres erinnerten, kam die Frage an den Zeithistoriker noch häufiger als sonst. Tatsächlich sind 2016 zahlreiche Menschen gegangen, deren Lebensweg und deren Lebensleistung viele von uns bewundert haben – und denen wir nicht selten mit der Illusion begegneten, sie seien einfach auf immer da.

Eine dieser Persönlichkeiten war Hildegard Hamm-Brücher. Zunächst als »Grande Dame« der FDP, später als die couragierte, nimmermüde Vorkämpferin der Demokratie, gehörte sie zum Inventar der Republik. Sie war zuletzt sogar beliebter und als Zeugin ihrer Zeit profilierter als ihre ebenfalls im Laufe des vergangenen Jahres gestorbenen Parteifreunde Walter Scheel und Hans-Dietrich Genscher.

Als Scheel 1976 vom Außen- in das Bundespräsidentenamt wechselte und damit Platz machte für den ewigen Genscher, diente Hamm-Brücher diesem sechs Jahre lang als Staatsministerin im Auswärtigem Amt, ohne jedoch öfter als unbedingt nötig mit ihrem Minister einer Meinung zu sein. Doch das sind heute nur noch Feinheiten aus dem Innenleben eines selbst zu seinen Blütezeiten nie unkompliziert gewesenen Sozialliberalismus. Wichtiger ist und bleibt, was Scheel, Genscher und Hamm-Brücher über ihren Tod hinaus verbindet: Alle drei sind als junge Aufbauhelfer im Bildgedächtnis der deutschen Nachkriegsdemokratie fest verankert – genauer gesagt, in den Schwarz-Weiß-Aufnahmen aus dem Bonner Bundestag. Und alle drei haben ihre ersten politischen Prägungen noch in der NS-Zeit erfahren.

Hildegard Brücher kam als Vollwaise, deren jüdische Großmutter sich angesichts der drohenden Deportation nach Theresienstadt das Leben nahm, nur unter Schrecken durch das »Dritte Reich«; Scheel und Genscher wurden während des Krieges, obwohl bei der Wehrmacht, noch Mitglieder der NSDAP. Wie glücklicherweise die meisten aus der Generation der jungen Frontsoldaten, der Flakhelfer und der bis heute oft übersehenen Wehrmachtshelferinnen zogen die drei die richtigen Konsequenzen aus ihren unterschiedlichen Erfahrungen von Diktatur und Krieg. Sie sind darüber späterhin – die eine mehr, die beiden anderen etwas weniger – zu überzeugenden Zeitzeugen geworden.

So vertraut uns diese Terminologie längst ist: Als mediale Figur ist der Zeitzeuge eine Erscheinung der letzten zwei, drei Jahrzehnte. Sein Aufstieg begann erst nach dem Fernseh-Vierteiler »Holocaust«, der das Zentralverbrechen der NS-Zeit auf den Begriff und zugleich stärker ins öffentliche Bewusstsein brachte. Für viele Überlebende, die über ihre Geschichte bis dahin kaum weniger geschwiegen hatten als die deutsche Mehrheitsgesellschaft, war die Ausstrahlung der amerikanischen Serie 1979 ein Signal. Wohl auch, weil sie für etliche von ihnen zum lebensgeschichtlich richtigen Zeitpunkt kam, nämlich gegen Ende ihrer Berufstätigkeit.

Letzteres gilt nicht für den im vergangenen März gestorbenen ungarischen Auschwitz- und Buchenwald-Überlebenden Imre Kertész, der bereits seit Anfang der sechziger Jahre an seinem »Roman eines Schicksallosen« schrieb. Es gilt auch nicht für Kertész' einstigen Lagergenossen Elie Wiesel, einen weiteren berühmten Toten des Jahres 2016. Aber es gilt zum Beispiel für den 1920 in Mähren geborenen Max Mannheimer, der im vergangenen September in München starb und der erst nach einem langen Berufsleben als Kaufmann Mitte der achtziger Jahre begonnen hatte, vor Schulklassen über seinen Leidensweg durch die nationalsozialistischen Konzentrations- und Zwangsarbeiterlager zu berichten. Menschen wie Mannheimer, denen Deutschland zum Zeitpunkt ihrer Befreiung 1945 nur verhasst sein konnte, haben mit ihrer engagierten Zeugenschaft zur historischen Aufklärung unserer Gesellschaft und damit zu ihrer humanen Ausgestaltung maßgeblich beigetragen.

Aber heißt das, mit dem unausweichlichen Abschied von den Überlebenden des Holocaust und ihren nichtjüdischen Generationengenossen – den zur Demokratie bekehrten Jungen der Nachkriegszeit – gerate nun alles in Gefahr, was im Laufe mehrerer Jahrzehnte an kritischem Geschichtsbewusstsein in der Bundesrepublik entstanden ist? Müssen unsere Lehrer bangen, weil sich kein Zeitzeuge mehr findet, der aus eigenem Erleben über die Verbrechen der NS-Zeit sprechen kann? Ist deshalb unsere vielzitierte (und manchmal mit ein wenig gedankenlosem Stolz bedachte) Erinnerungskultur bedroht?

Gerade weil uns die letzten Zeitgenossen der NS-Zeit verlassen, gerade weil, wer heute jünger als 75 Jahre ist, aus persönlicher Erinnerung schwerlich sprechen kann, sollten wir uns auf die Überlieferung besinnen. Es ist ja alles da und weiter greifbar: in Dokumentensammlungen und Büchern, als Videoaufzeichnungen und im Netz; in der Unmittelbarkeit des Zeugenberichts wie in den Verarbeitungsformen einer Geschichtsschreibung, die sich mehr denn je den Stimmen und

Erfahrungen der Einzelnen annimmt. Man muss nur lesen, hören und sehen wollen.

Dabei empfiehlt es sich, die Einsichten ernst zu nehmen, die uns die klügsten der im letzten Jahr zu Grabe Getragenen hinterlassen haben. Zum Beispiel der in Breslau geborene und im Mai 2016 in New York gestorbene Fritz Stern, der die Geschichte Deutschlands und des Westens im 20. Jahrhundert so gründlich studiert und miterlebt hat wie vielleicht kein zweiter Historiker. Am Ende seines Lebens war er tief besorgt. Denn er sah nun in ernster Gefahr, was ihm eine halbe Dekade zuvor bloß einer Mahnung zu bedürfen schien: »So wenig sich die Deutschen genügend darüber im Klaren sind, was für eine Errungenschaft die Bundesrepublik gegenüber früheren Jahrhunderten deutscher Geschichte bedeutet, so wenig ist sich die jetzige Generation der Europäer genügend bewusst, welche Leistung es war, Europa so weit zu bringen, wie es heute ist.«

7. Januar 2017

Die Siebenundsechziger

Der Tod von Benno Ohnesorg verwandelte den Studentenprotest in eine breite antiautoritäre Revolte. Sie zeigte, wie sehr die NS-Vergangenheit den Deutschen noch in den Knochen saß

Am Morgen nach der Bluttat hinter der Deutschen Oper war West-Berlin voll von Drohungen, Ängsten und falschen Gewissheiten. Der tote Student gehe auf das »Konto« der Demonstranten, hatte Heinrich Albertz, der Regierende Bürgermeister, noch in der Nacht erklärt. Und: »Die Geduld der Stadt ist am Ende.« In den Ohren jener, deren Protest gegen den Schah von Persien nur Stunden zuvor von Wasserwerfern, prügelnden iranischen Geheimdienstleuten und knüppelnden Polizisten beantwortet worden war, klangen solche Sätze wie der Beweis für eine »faschistoide Verschwörung des Senats«. Entsprechend lautete die Überschrift auf einem der atemlosen Flugblätter vom 3. Juni 1967: »Geplanter Mord!«

Die Nachricht vom Tod des Germanistikstudenten Benno Ohnesorg entsetzte und mobilisierte auch viele bis dahin eher unpolitische Studenten, die den Demonstrationen gegen das glamouröse Kaiserpaar ferngeblieben waren, ja denen das »Folterregime« des Mohammad Reza Pahlavi ziemlich einerlei gewesen war. Jetzt wurden es stündlich mehr, die in etwa so empfanden wie die Aktivisten der Humanistischen Studentenunion, deren eilig hektographierte Stellungnahme noch unter der Vermutung entstand, Ohnesorg sei erschlagen worden: »Er wollte mit eigenen Augen sehen, dass Berlin nicht Teheran ist.« Darüber sei er zum Opfer geworden. »Wie viele werden ihm folgen müssen?«, fragten die Autoren düster – und offerierten der »Berliner Bevölkerung« einen harten Vergleich: »Ulbrichts Bürokraten-Regime erschießt Menschen an der Mauer. Albertz' Polizei-Regime unterdrückt jetzt die ernsthafte politische Opposition gegen seine Politik, die Westberlin den Ruin bringt, durch *MORD!!!*«

Das war starker Tobak, auf ahnungslose Weise aber näher an der verqueren Wahrheit, als wir jahrzehntelang wussten.

Wer sich die politische Rhetorik von damals heute noch einmal vor Augen führt – die Wortwahl der Studenten, die Formulierungen des sozialdemokratischen Senats, die haltlosen Erklärungen der Berliner Polizei und nicht erst zuletzt die demagogische Berichterstattung der Springer-Presse –, der spürt nicht nur allenthalben die Präsenz des Kalten Krieges und des deutsch-deutschen Systemkonflikts. Wer die Dokumente liest, die Bilder betrachtet und die erregten Stimmen der Passanten hört (»Die müsste man vergasen!«), der kann nicht umhin zu erkennen, wie sehr fast allen Beteiligten die NS-Zeit damals noch in den Knochen saß.

Dazu musste man nicht schon im »Dritten Reich« Dienst getan haben oder doch aufgewachsen sein wie Tausende von Polizisten und Staatsschützern, die den neuntägigen Staatsbesuch des iranischen Autokraten in der Bundesrepublik und West-Berlin begleiteten. Und noch viel weniger musste man Waffenfetischist und Inoffizieller Mitarbeiter der DDR-Staatssicherheit sein wie Kriminalobermeister Karl-Heinz Kurras, der Benno Ohnesorg – wie wir heute wissen: nicht etwa aufgrund einer unglücklichen Verkettung von Umständen, sondern völlig ohne Not – am Abend des 2. Juni in einem überdachten Parkhof an der Krummen Straße erschoss. Es genügte, so wie die meisten der linken Studenten, die seit ein, zwei Jahren auf die Straße gingen, in den letzten Kriegs- oder in den ersten Nachkriegsjahren geboren worden zu sein. Dann nämlich hatte man genug mitbekommen von einer Gesellschaft, die den Habitus der Gewalt und die autoritäre Mentalität der Hitler-Zeit noch lange mit sich führte.

Die Ereignisse der ersten Junitage 1967 waren von einer generationsprägenden Wucht, dass man sich noch heute fragen kann, weshalb in den Jahrzehnten danach nie von den »Siebenundsechzigern« die Rede war. Die Antwort liegt freilich auf der Hand, und sie verweist einmal mehr auf die anhaltende Deutungsmacht derer, die seinerzeit auf die Straße gingen: Sie wollten ihren Protest als Teil einer globalen Bewegung sehen, als einen Beitrag im Kampf für eine bessere Welt – gegen den Krieg der Vereinigten Staaten in Vietnam, gegen Kapitalismus, Imperialismus und, soweit sie sich als aufrechte Antiautoritäre begriffen, auch gegen den Parteikommunismus sowjetischen Typs. Das alles passte, zumal mit Blick auf den Prager Frühling und den Pariser Mai, viel besser unter der Chiffre '68 zusammen als unter dem verhältnismäßig frühen und sehr deutschen Datum 2. Juni 1967.

Gleichwohl gab es – jenseits des Aufschwungs der Neuen Linken überall im Westen und der aus ihrem amerikanischen Exil in die Bundesrepublik zurückkehrenden Kritischen Theorie – spezifisch deutsche Gründe für die Revolte. Sie lagen in dem, was eine schnell wachsende intellektuelle Minderheit seit den späten fünfziger Jahren mit noch schneller wachsender Ungeduld als »unbewältigte Vergangenheit« anzuprangern pflegte. Den meisten Studenten der sechziger Jahre war diese Vergangenheit als Anathema vom heimischen Abendbrottisch ihrer Jugendzeit vertraut; an den Universitäten begegneten sie ihm wieder in Gestalt ihrer vielen kompromittierten Professoren.

Schon deshalb gingen den Protestbewegten in dem knappen Jahr zwischen Ohnesorgs Tod und dem Attentat auf Rudi Dutschke am Gründonnerstag 1968 – danach begann man sich bereits wieder zu zerstreuen – die Empörungsgründe nicht aus. Wichtiger als Ringvorlesungen über »braune Universitäten« und Aktionen gegen einen ehemaligen NS-Parteigenossen als Bundeskanzler der Großen Koalition wurde jetzt aber der Protest gegen die von der Regierung Kiesinger/Brandt geplante Notstandsverfassung. Eine Außerparlamentarische Opposition, die weit über das studentische Milieu hinausgriff, erblickte darin ein neues Ermächtigungsgesetz. Wieder war die Vergangenheit höchst gegenwärtig: »Kein zweites 1933« pinselten die Münchner Kunststudenten Anfang Mai 1968 auf ihr Transparent am Siegestor. Als der Kampf gegen den »Bonner Notstand« mit friedlichen Mitteln verloren war, glaubten sich Teile der zerfallenden Bewegung zu anderen Formen des »Widerstands« berechtigt. Damals begann die Geschichte der RAF, wenig später auch die der West-Berliner Terrorgruppe »Bewegung 2. Juni«.

27. Mai 2017

Gedächtnis

Geschichte wiederholt sich nicht. Der Rückblick auf die Walser-Bubis-Debatte von vor zwanzig Jahren aber demonstriert, dass der Fortschritt ein Kreislauf ist

Manchmal belagern Erinnerungen die Gegenwart wie eine unfaire Großmacht. Ein bisschen wird das an diesem Sonntagvormittag so sein, beim jährlichen Hochamt des abschmelzenden altbundesrepublikanischen Bildungsbürgertums, wenn die beiden Gedächtnisforscher Jan und Aleida Assmann in der Frankfurter Paulskirche den Friedenspreis des Deutschen Buchhandels entgegennehmen. Dann nämlich käme es einem Kunststück gleich, mit keinem Wort der Kontroverse nachzusinnen, die, fast auf den Tag genau vor zwanzig Jahren, Martin Walser an dieser Stelle lostrat.

Wer die Szene damals verfolgte, und sei es nur vor dem Fernseher, der kann sie kaum vergessen haben: Wie Walser am Ende seiner Dankesrede, »vor Kühnheit zitternd«, von der Kanzel heruntersteigt, wie sich die Festversammlung applaudierend zu seinen Ehren erhebt – und wie drei Menschen in der ersten Reihe reglos auf ihren Plätzen verharren: Ignatz und Ida Bubis, aber auch Friedrich Schorlemmer, der neben den beiden zu sitzen gekommen war. Am Tag darauf erklärte Bubis, als Vorsitzender des Zentralrats der Juden in Deutschland in den neunziger Jahren so populär und politisch präsent wie keiner seiner Vorgänger, was ihn hatte versteinern lassen: »Leute wie der DVU-Vorsitzende Gerhard Frey und Ex-Republikaner-Chef Franz Schönhuber sagen es auch nicht anders. Das ist geistige Brandstiftung.«

Bubis' Reaktion auf Walsers Vortrag kam nicht aus heiterem Himmel. Schon seit den achtziger Jahren glaubte der Großschriftsteller, so hatte es sein Laudator Frank Schirrmacher gerade noch einmal erläutert, »die Nation rehabilitieren, die Inflationierung des Faschismus-Vorwurfs außer Verkehr setzen, das Geschichtsgefühl wecken« zu müssen. Dem Holocaust-Überlebenden Ignatz Bubis war das nicht entgangen, und Walsers jüngstes Werk, der autobiographische Roman »Ein springender Brunnen«, war Teil und Ausdruck dieser Mission. Walser – wie Bubis Jahrgang 1927 – verteidigt darin eine Kindheit im »Dritten Reich«, die den Knaben in Wasserburg am Bodensee ideologisch unbehelligt heranwachsen lässt. Dass Auschwitz bei dieser Erzählhaltung eine Leerstelle bleibt, war in Marcel Reich-Ranickis »Literarischem Quartett« sogleich bemängelt worden.

Doch was Bubis so empörte und zu dem bitteren Wort greifen ließ, war letztlich nicht Walsers Entwicklungsroman und sein im Grunde konventionell-verklärender Blick auf die eigene Jugend. Es waren vielmehr die geschichtspolitischen Schlussfolgerungen, zu denen sich der Altersgenosse, augenscheinlich gekränkt ob der verhaltenen Reaktionen auf sein neuestes Werk, in Frankfurt bemüßigt fühlte. Tatsächlich ging Walser in seiner Dankesrede weit über alles hinaus, was er bis dahin an Sperrigem zur Auseinandersetzung mit der deutschen Vergangenheit formuliert hatte – und zu seiner eigenen, ja keineswegs unbeachtlichen Rolle darin: »Von den schlimmsten Filmsequenzen aus Konzentrationslagern habe ich bestimmt schon zwanzigmal weggeschaut. […] Anstatt dankbar zu sein für die unaufhörliche Präsentation unserer Schande, fange ich an wegzuschauen. Wenn ich merke, dass sich in mir etwas dagegen wehrt, versuche ich, die Vorhaltung unserer Schande auf Motive hin abzuhören und bin fast froh, wenn ich glaube, entdecken zu können, dass öfter nicht mehr das Gedenken, das Nichtvergessendürfen das Motiv ist, sondern die Instrumentalisierung unserer Schande zu gegenwärtigen Zwecken. Immer guten Zwecken, ehrenwerten. Aber doch Instrumentalisierung.«

Mit solchen Sätzen gab Walser, der vier Jahrzehnte zuvor im neu-linken *Kursbuch* die Insuffizienz der deutschen Strafjustiz angesichts des Judenmords angeprangert hatte (»Unser Auschwitz«), nicht nur seine Selbstentpflichtung aus dem von ihm inzwischen nachgerade verachteten »Erinnerungsdienst« bekannt; der Dichter bediente sich einer Sprache, wie man sie sonst von der revisionistischen Rechten kannte. Und er nahm, das hatte Bubis richtig gesehen, Anleihe bei deren Begriffen. Wo diese von der »Auschwitz-Keule« sprachen, erklärte Walser: »Auschwitz eignet sich nicht dafür, Drohroutine zu werden, jederzeit einsetzbares Einschüchterungsmittel oder Moralkeule oder auch nur Pflichtübung. Was durch Ritualisierung zustande kommt, ist von der Qualität des Lippengebets. Aber in welchen Verdacht gerät man, wenn man sagt, die Deutschen seien jetzt ein ganz normales Volk, eine ganz gewöhnliche Gesellschaft?«

Der in die Frageform gekleidete Normalisierungswunsch war Walser sicherlich noch wichtiger als das böse Keulenwort. Doch dieses blieb haften, neben seiner ordinären Kritik an dem geplanten Berliner Denkmal für die ermordeten Juden Europas. Zu den Diskussionen über das Vorhaben meinte er, darin könne »die Nachwelt einmal nachlesen, was Leute anrichteten, die sich für das Gewissen von anderen verantwortlich fühlten. Die Betonierung des Zentrums der Hauptstadt mit einem fußballfeldgroßen Alptraum. Die Monumentalisierung der Schande.«

Die Polemik gegen das Denkmalprojekt und den Vorwurf der Instrumentalisierung deutscher Schuld – die beiden

Punkte seiner Rede, die ihm seitdem immer wieder vorgehalten worden waren – nahm Walser im vergangenen Jahr noch einmal förmlich zurück: im Vorfeld seines 90. Geburtstags und lange nach dem frühen Tod von Ignatz Bubis, der 1999 starb. Bubis hingegen hatte den Vorwurf der »geistigen Brandstiftung« bereits zwei Monate nach der Preisverleihung zurückgezogen, als sich die beiden auf Drängen von Frank Schirrmacher im Haus der *Frankfurter Allgemeinen* trafen und Walser erneut seine Expertise im Umgang mit der NS-Vergangenheit hervorkehrte (»Ich war in diesem Feld beschäftigt, da waren Sie noch mit ganz anderen Dingen beschäftigt«).

Halbwegs einig zeigten sich die Kontrahenten damals – Helmut Kohl war gerade abgewählt, Rot-Grün frisch an der Macht, die Bonner Republik auf dem Weg nach Berlin –, dass die Sprache des Erinnerns einer »Erneuerung« bedürfe. Zwei Jahrzehnte später wirkt diese Diagnose wie ein vorzeitiges Signal aus ferner Vergangenheit. Jetzt gilt es, das Erreichte zu verteidigen: gegen Forderungen nach einer »erinnerungspolitischen Wende um 180 Grad« und gegen ein neurechtes Begriffsrecycling (»Denkmal der Schande«), das sich bis heute bei Martin Walsers fataler Paulskirchenrede zu bedienen weiß.

13. Oktober 2018

Widerstand

Die Geschichte des letzten bekannten Versuchs, Hitler zu töten, bleibt auch ein Dreivierteljahrhundert nach Stauffenbergs fehlgeschlagenem Attentat umstritten

Dass sie dem Willen der Mehrheit ihrer Landsleute zuwiderhandeln würden, wussten die Verschwörer des 20. Juli 1944 lange vor der Tat. Am Tag nach ihrem Scheitern erklangen zwar keine kirchlichen Dankeslieder mehr wie nach dem 8. November 1939, als es dem Schreinergesellen Georg Elser um ein Haar gelungen wäre, Hitler im Münchner Bürgerbräukeller zu töten. Aber noch einmal löste die Nachricht von einem Bombenanschlag auf den »Führer« große Empörung aus. Viele glaubten Hitler, als er im Rundfunk vom Komplott einer »ganz kleine(n) Clique ehrgeiziger, gewissenloser und zugleich verbrecherischer, dummer Offiziere« sprach. Erst als sich die allgemeine Erregung ein wenig gelegt hatte, registrierten die »Gegnerforscher« der SS auch andere Stimmen: Die Chance einer Abkürzung des Krieges, eines Endes mit Schrecken, sei vertan.

Man muss zurückgehen bis zu dieser Anfangsambivalenz, wenn man verstehen will, warum es den Deutschen auch nach dem »Zusammenbruch« über Jahrzehnte hinweg kaum gelang, einen klaren Blick zu gewinnen auf Claus Schenk Graf von Stauffenberg, seinen mutigen Entschluss und die militärische Opposition gegen Hitler – und warum wir uns bis heute damit schwertun.

In den ersten Jahren der jungen Bundesrepublik kniffen selbst die politischen Spitzen, wenn es darum ging, den Männern des 20. Juli und ihrer Tat Anerkennung zu verschaffen. 1951, zum siebten Jahrestag des gescheiterten Putschs, versuchte Otto Lenz, der wegen seiner Kontakte zum Goerdeler-Kreis im Januar 1945 vom Volksgerichtshof zu vier Jahren Zuchthaus verurteilt worden war und inzwischen als Staatssekretär im Bundeskanzleramt saß, Konrad Adenauer zu einer entsprechenden Erklärung zu bewegen. Vergeblich: Der Kanzler kannte wohl die jüngste Umfrage der Allensbacher, wonach noch immer 30 Prozent aller Westdeutschen (und fast doppelt so viele unter den ehemaligen Berufssoldaten) den Anschlag auf das Leben ihres vormaligen »Führers« missbilligten. Auch Bundespräsident Theodor Heuss hielt es für klüger, die Volksseele nicht weiter zu reizen angesichts einer (Neonational-)Sozialistischen Reichspartei, die gerade mit Hetzparolen gegen die »Eidbrecher« Wahlerfolge feierte; erst einen Sommer später beklagte er öffentlich die »Versudelung« des Andenkens der Widerständler.

Noch die Veranstaltung zum zehnten Jahrestag des 20. Juli kam einem politischen Kraftakt gleich. Der junge Historiker Fritz Stern, der die Szene im Hof des Bendlerblocks beobachtete – er war zum ersten Mal seit seiner Emigration 1938 in Berlin –, schrieb daraufhin einem amerikanischen Freund: »Selbst Heuss fühlte sich gezwungen, zu rechtfertigen, was eigentlich hätte gefeiert werden müssen.«

Alsbald nach dieser offiziellen Würdigung machte sich in der westdeutschen Publizistik eine hagiographische Überhöhung des »anderen Deutschland« breit, die nicht zuletzt von der Schuld an den NS-Verbrechen entlasten sollte. Das rief seit etwa Mitte der sechziger Jahre eine neue Generation von Zeithistorikern und Politologen auf den Plan, die das elitäre Gesellschaftsbild der Verschwörer und ihr meist autoritäres Staatsverständnis in den Blick nahmen. Forscher wie Hans Mommsen und Hermann Graml dementierten damit eine

Deutung, die im Interesse des noch immer wachsenden Kreises derer lag, die dem Widerstand einst angehört haben wollten: die Behauptung nämlich, von den politischen Zielen und Motiven Stauffenbergs und seiner Freunde führe eine direkte Linie zur Wiederbegründung der Demokratie in Deutschland nach 1945.

Auch mit solchen Apologien hing es zusammen, wenn im folgenden »roten Jahrzehnt« der alten Bundesrepublik von der konservativen Opposition gegen Hitler kaum noch jemand etwas wissen wollte; stattdessen begannen sich »Barfußhistoriker« und eine neue Alltagsgeschichte für das – mehr oder weniger – widerständige Verhalten der »kleinen Leute« zu interessieren und für den im Zeichen des Kalten Krieges tatsächlich lange ignorierten Widerstand der Kommunisten.

Das alles zeigt: Von einem festgefügten Bild der »Deutschen Opposition gegen Hitler«, das Hans Rothfels gleich nach Kriegsende, noch im amerikanischen Exil, zu etablieren suchte, konnte eigentlich zu keinem Zeitpunkt seit 1945 die Rede sein. So ist die Rechte bis heute uneins, ob man den Widerstand weiterhin als »Verrat am Vaterland« geißeln oder vereinnahmen soll, wie es neuerdings die »Vogelschiss«-Partei versucht, nach dem absurden Motto: »Sophie Scholl würde AfD wählen.«

Etwas Künstliches hat freilich auch die Empörung, mit der manche aus der Enkelgeneration des 20. Juli auf die jüngste Stauffenberg-Biographie reagieren. Ihrem Autor Thomas Karlauf kommt das Verdienst zu, Stauffenbergs tiefe Prägung durch die lebenslange Zugehörigkeit zum George-Kreis herauszuarbeiten, die seinen Entschluss zur Tat ganz zweifellos befördert hat. Dass der schwäbische Aristokrat kein Demokrat war und bis weit in den Krieg hinein ein begeisterter Anhänger der Idee eines machtvollen »Dritten

Reiches«, liegt seit langem zutage, wird nun aber wie ein Skandalon behandelt.

Sophie von Bechtolsheim, eine Enkelin Stauffenbergs und selbst Historikerin, glaubt gar, sich gegen Analogien verwahren zu sollen, die niemand aufgestellt hat. Weil Karlauf, gewiss schroffer als andere vor ihm, die überkommene Rede vom »Aufstand des Gewissens« kritisiert und Stauffenbergs Bereitschaft zur heroischen Tat hervorkehrt, sieht die Enkelin ihren Opa in die Nähe von IS-Kämpfern gerückt. Entsprechend seltsam der Titel ihres für nächste Woche angekündigten Buches: »Mein Großvater war kein Attentäter«.

21. Juni 2019

Umdeutung

Die Nationalsozialisten hatten Anfang der dreißiger Jahre noch eine ganze Menge Gegner. Die Hohenzollern gehörten allerdings nicht dazu

Der junge »Chef«, so heißt es, sei ein sympathischer Mann. Er führe sein »Haus« – es wird bald tausend Jahre alt – wie ein Wirtschaftsunternehmen. Dagegen ist nichts einzuwenden, ebenso wenig wie dagegen, dass ein Unternehmer erkannte Chancen konsequent nutzt. Aber in der Geschäftswelt kennt man seit langem auch den Begriff der Corporate Responsibility, des gesellschaftlich angemessenen, politisch verantwortungsbewussten Verhaltens: Nicht alles, was rechtlich möglich und ökonomisch sinnvoll sein mag, ist sozialmoralisch opportun. Georg Friedrich von Preußen scheint dieser Einsicht eher wenig abgewinnen zu können. Jedenfalls ist der »Chef des Hauses Hohenzollern« gerade dabei, zugunsten der Interessen seiner Firma mehr zu zerschlagen als ein paar Kostbarkeiten aus der Königlichen Porzellan-Manufaktur des Alten Fritz. Zum alleinigen Zweck der Vermögensmehrung versuchen sich der Prinz und seine Anwälte an einer brachialen Umdeutung unserer Geschichte. Genauer gesagt geht es um eine Verkürzung jenes Weges der deutschen Gesellschaft in das »Dritte Reich«, den zu ebnen nicht zuletzt Hohenzollern geholfen hatten.

Dass Hitler nach den Verlusten seiner Partei bei der Reichstagswahl im November 1932 und angesichts der sich bereits abzeichnenden gesamtwirtschaftlichen Erholung zu Jahresanfang 1933 nicht mehr unvermeidlich war, dass er am 30. Januar Reichskanzler nur wurde, weil Reichspräsident

Paul von Hindenburg es so entschied, ist historisch gesichertes Wissen. Gleiches gilt für das Faktum, dass große Teile der gesellschaftlichen Funktionseliten – auch aus dem Adel – diese Machtübertragung begrüßten. Hitler war kein Fatum, Hitler war gewollt.

Das alles sollte so unstrittig sein wie die Tatsache, dass die NSDAP noch bei der letzten (wie es immer heißt: »halbwegs freien«) Reichstagswahl am 5. März 1933 keinen Alleinsieg zustande brachte. Trotz des Terrors vor allem gegen Kommunisten und Sozialdemokraten, aber auch gegen das katholische Zentrum und die Bayerische Volkspartei, reichte es zur absoluten Mehrheit nur in der Koalition mit jenen Kräften der Alten Rechten, die Hindenburg den »böhmischen Gefreiten« Hitler am Ende doch noch schmackhaft gemacht und damit ins Amt gehievt hatten.

Gerade wegen dieser komplexen, erst im Nachhinein zur »Machtergreifung« stilisierten, in Wirklichkeit keineswegs zwangsläufigen Konstellation hat sich die zeitgeschichtliche Forschung für die politischen Machinationen in den letzten Monaten und Wochen der Weimarer Republik von jeher besonders interessiert. Entsprechend bezog sich die klassische Frage der nachkriegsdeutschen Introspektion – »Wie konnte es geschehen?« – jahrzehntelang nicht etwa auf den Holocaust, sondern auf die Entwicklung hin zum 30. Januar 1933 und seine Folgen. Karl Dietrich Brachers schon 1955 erschienene Strukturgeschichte der »Auflösung« der Republik bildete dafür den epochalen Auftakt. Ihm folgten mannigfache Spezialstudien, schließlich auch solche über die Rolle des Adels im Prozess der Zerstörung unserer ersten Demokratie.

»Vom König zum Führer« lautet der eingängige Titel einer preisgekrönten Studie, mit der sich Stephan Malinowski vor eineinhalb Jahrzehnten als der bis heute wohl beste Kenner der Zeitgeschichte des deutschen Adels profilierte. Das Buch zeichnet die politische Radikalisierung nach, die dem sozialen Niedergang der Aristokratie nach dem Ende des Kaiserreichs folgte: selbstredend eine Radikalisierung nach rechts und gegen die Weimarer Republik. Wiederholt hat Malinowski daran erinnert, was diesbezüglich konkret zu den Hohenzollern zu sagen ist – von des »Kronprinzen« Wilhelm von Preußens früher Bewunderung für den italienischen Faschismus über sein Planspiel mit Hitler im Vorfeld der Reichspräsidentenwahl 1932 bis hin zur stilisierten Legitimation des »jungen Deutschland« durch die alten Mächte beim »Tag von Potsdam« am 21. März 1933, bei dem natürlich auch Wilhelm nicht fehlte. Der Kronprinz a.D. schmückte die Inszenierung nicht nur; seine Präsenz verhalf dem neuen Regime zu wachsendem Ansehen gerade auch in den noch immer monarchisch gesinnten Teilen des deutschen Bürgertums. Anders als sein NS-begeisterter, aber von den Nationalsozialisten nie für voll genommener Bruder August Wilhelm (»Auwi«) war der älteste Sohn des exilierten Kaisers Wilhelm II. kein politisches Leichtgewicht.

Das alles soll nun vergessen gemacht, verharmlost oder mit Hinweisen auf späte angebliche Kontakte des vormaligen Kronprinzen zu den Verschwörern des 20. Juli 1944 verrechnet werden, weil das 1994 im Nachgang zur deutschen Einheit beschlossene Ausgleichsgesetz nur demjenigen (oder seinem Rechtsnachfolger) Entschädigung *für Enteignungen in der Sowjetischen Besatzungszone gewährt*, der nicht »dem nationalsozialistischen oder dem kommunistischen System […] erheblichen Vorschub geleistet hat«. Nur wenn dieser Nachweis gelingt, können die Hohenzollern auf gerichtlich verfügte staatliche Leistungen hoffen. Umso größer ist natürlich das Interesse ihres »Chefs«, mit Bund und Ländern zu einer außergerichtlichen Einigung zu kommen.

Exakt gegen diese Verhandlungen macht nun seit vergangener Woche die brandenburgische Linke Front: mit dem Verfassungsinstrument der Volksinitiative, das eine juristische Entscheidung erzwingen soll. Spät, aber vielleicht nicht zu spät für den laufenden Landtagswahlkampf, scheint sich die Partei an das 1926 von der KPD initiierte Volksbegehren für die entschädigungslose Fürstenenteignung erinnert zu haben. Dieses scheiterte seinerzeit zwar in der verfassungsrechtlich vorgesehenen zweiten Stufe (als Volksentscheid), hatte zuvor aber zu einer machtvollen politischen Mobilisierung geführt, weit über das linke Lager hinaus.

Mit Blick auf die heutigen Forderungen der Hohenzollern ist das letzte Wort wohl noch längst nicht gesprochen. Aber der demokratiepolitische Schaden könnte bereits eingetreten sein: Im Sinne einer Gegenaufklärung, die historische Fakten verzerrt, Verantwortlichkeiten verwischt und kritisches Geschichtsbewusstsein zerstört. Schon ist in mancher Berichterstattung davon die Rede, die Rolle der Hohenzollern im Übergang von der Weimarer Demokratie zum nationalsozialistischen Führerstaat sei »umstritten«. Richtig ist das Gegenteil, denn 1933 war völlig klar: Die Hohenzollern standen nicht auf der Seite der Republik. Sie zählten zu Hitlers Ermöglichern.

16. August 2019

Kriegsende

Vor 75 Jahren kam der Untergang des »Dritten Reiches« in Sicht. Wie muss sich unser Blick auf die Epochenzäsur verändern, wie werden wir ihrer Bedeutung gerecht?

Im historischen Gedächtnis der Bundesrepublik firmiert sie oft nur als »Die Rede«, und tatsächlich haben sogar viele Jüngere noch einen wenn auch vagen Begriff davon, dass Richard von Weizsäcker zum 40. Jahrestag des Kriegsendes die richtigen Worte fand. Von heute aus gesehen ist das ähnlich lange her wie damals die Kapitulation der Wehrmacht. Aber man erinnert sich daran, dass der Bundespräsident für seinen Auftritt vor dem Deutschen Bundestag am 8. Mai 1985 Lob und Anerkennung erntete wie keiner seiner Amtsvorgänger, ja wie kein deutscher Politiker vor ihm, der die Epochenzäsur zu würdigen suchte. Alsbald millionenfach verbreitet, in knapp zwei Dutzend Sprachen übersetzt, stieß der Text nicht zuletzt im Ausland auf große Zustimmung – trotz oder wegen seiner ausgeklügelten Rhetorik, die so tat, als spreche der Redner nur zu seinen Landsleuten: »Wir Deutsche begehen den Tag unter uns, und das ist notwendig. Wir müssen die Maßstäbe allein finden«, lautete Weizsäckers Eingangspostulat.

Ein solcher Rückgriff auf Pathosformeln protestantischer Innerlichkeit würde heute nicht nur kaum mehr verstanden; er wäre überflüssig, ja fatal.

Er wäre überflüssig, weil die Generationen, die das »Dritte Reich« hauptsächlich getragen hatten, unterdessen gestorben sind – weshalb denn auch Weizsäckers zentrale normative Aussage kaum mehr in Widerspruch zu anders gelagerten persönlichen Erinnerungen geraten kann: »Der 8. Mai war ein Tag der Befreiung.«

Die präsidiale Schlüsselbotschaft, hineingesprochen in die vergangenheitspolitischen Konflikte der frühen Kohl-Jahre, bleibt richtig, auch wenn sie zehn Jahre später, zum fünfzigsten Jahrestag des Kriegsendes, vor allem von Ostdeutschland aus mit Blick auf die Erfahrung der sowjetischen Besatzung und der nachfolgenden SED-Diktatur eine Relativierung erfuhr. Der Satz bleibt richtig auch angesichts gegenwärtiger neurechter Anfechtungen. Und er bleibt richtig trotz einer Reihe von Einwänden, die bald schon aufkamen, nachdem die Woge der Begeisterung ein wenig abgeebbt war: Zum einen nämlich hatte das Staatsoberhaupt Klarheit hinsichtlich des Faktums vermieden, dass es den Alliierten nicht um die Befreiung der Deutschen gegangen war, sondern um die Befreiung der Welt von Nationalsozialismus und Faschismus. Zum anderen hatte sich der vormalige Wehrmachtoffizier von Weizsäcker doch sehr auf die gemischten Gefühle einer Mehrheit der »Volksgenossen« konzentriert, die sich im Frühjahr 1945 vor allem besiegt und bestenfalls erleichtert fühlten, dass der Krieg zu Ende war. Die Erfahrungen der tatsächlich Befreiten, der Überlebenden der Lager und der Todesmärsche, der Opfer und Verfolgten des Regimes, standen nicht im Zentrum seiner Betrachtung.

Deshalb wäre es fatal, wollten wir ein Dreivierteljahrhundert nach dem Ende des »Dritten Reiches« auf jenen quasi-nationalen Modus der Innenschau zurückgreifen, dessen sich Richard von Weizsäcker bediente. In der postnationalen Demokratie der alten Bundesrepublik eröffnete seine Rhetorik des »Unter uns« eine Möglichkeit, die staatliche Teilung anzusprechen (»Vierzig Jahre nach dem Ende des Krieges ist das deutsche Volk nach wie vor geteilt.«); im vereinten Deutschland des Jahres 2020 müssen die Signale andere sein.

Ein nüchtern-aufgeklärter Blick auf die Konstellation des Frühjahrs 1945 kann über die nachwirkende Bindekraft der nationalsozialistischen »Volksgemeinschaft« genauso wenig hinwegsehen wie über die sich rasch ausbreitende Tendenz der eben noch begeisterten Anhänger Hitlers, sich selbst als dessen eigentliche Opfer zu begreifen. Eine realistische, die Ergebnisse der neueren zeitgeschichtlichen Forschung einbeziehende Darstellung darf die Beobachtung nicht ignorieren, die nahezu alle irritierte, die wachen Sinnes in den Konvois der Alliierten auf das Reichsgebiet vorrückten, Kriegskorrespondentinnen und Nachrichtenoffiziere ebenso wie einfache Soldaten: Kein Deutscher, auf den die Besatzer trafen, wollte Nazi gewesen sein, niemand verantwortlich sein für die Verbrechen, von denen die Leichenberge in den Lagern zeugten.

In den Jahrzehnten, die seit der berühmten Rede des noch als Zeitgenosse sprechenden Richard von Weizsäcker vergangen sind, ist viel Verdrängtes ans Tageslicht gekommen, das unsere Vorstellung von der Zäsur des Frühjahrs 1945 zu schärfen vermag. Manches, weil auch die Geschichtswissenschaft erst spät begonnen hat, den Berichten der Überlebenden wirklich Gehör zu schenken; anderes, weil es einer zweiten oder gar dritten Generation der Nachgeborenen bedurfte, ehe Neugier entstand für die auf Dachböden und in Kellern verwahrten Familiendokumente. So erklärt sich, dass noch immer neue Facetten des Kriegs- und Nachkriegsalltags an die Öffentlichkeit gelangen; in Form von Tagebüchern, Briefen, Fotos und seit geraumer Zeit sogar in Gestalt bunter Amateurfilme, mit denen die Spartenkanäle der Öffentlich-Rechtlichen inzwischen ganze Dokumentarserien bestreiten.

Das meiste davon mag für sich genommen nicht wirklich überraschend sein, vielleicht sogar die alte Tendenz zur deutschen Nabelschau befördern. Stellt man die Zeugnisse jedoch in den Zusammenhang von Krieg und Besatzung in Europa, dann können sie helfen, historisch-politisch bislang wenig beachtete Dimensionen der Frage zu erschließen, was das Ende der nationalsozialistischen Herrschaft für den Kontinent und seine Menschen bedeutete.

Im Europa des Jahres 2020 – und über den Atlantik hinweg – muss es darum gehen, die nationalgeschichtlichen Perspektiven auf die Zäsur von 1945 zu überwinden; nicht zuletzt auch deshalb, weil sie noch immer vielfach geprägt sind durch den Kalten Krieg. Wir können des Kriegsendes nicht mehr »unter uns« gedenken, denn das »Wir«, das Richard von Weizsäcker im Sinn hatte, ist so nicht mehr existent. Aber wir müssen es auch nicht, solange wir wissen, dass es nicht darum gehen darf, Verantwortlichkeiten zu verwischen. Worum es gehen sollte, wäre eine transnationale Erzählung: ein neues Narrativ, das uns Europäern zu zeigen vermag, wie eng Traumata und Neuanfang 1945 in allen aus dem Krieg entlassenen Gesellschaften und Gruppen beieinanderlagen.

31. Dezember 2019

Schwarze Winkel

Unsere Gleichgültigkeit beim Thema Rassismus hat eine lange Geschichte. Sogar aus der NS-Zeit kommt manches Exempel erst jetzt zur Sprache

»Niemand wurde zu Recht in einem Konzentrationslager inhaftiert, gequält und ermordet.« Das ist der zentrale Satz aus einem Antrag von Union und SPD, dem der Bundestag im Januar 2020 mit breiter Mehrheit zugestimmt hat. Von der Öffentlichkeit kaum beachtet, sprachen sich Politikerinnen und Politiker aller Fraktionen – mit Ausnahme freilich der AfD – dafür aus, künftig stärker an das Leid jener Menschen zu erinnern, die im »Dritten Reich« zu Tausenden als »Asoziale« oder als »Berufsverbrecher« stigmatisiert und in Lagerhaft genommen wurden. Wie viele der damals so Bezeichneten zu Tode kamen, wird sich nicht mehr bestimmen lassen. Den wenigen, die 75 Jahre nach Kriegsende noch am Leben sind, soll die gesellschaftliche Anerkennung als NS-Verfolgte nun aber nicht länger versagt bleiben.

Mit dem Beschluss reagiert die Politik nicht allein auf den Umstand, dass bis heute nur etwa 350 dieser einst Verfolgten Leistungen aus dem Härtefonds für Opfer von NS-Unrecht beantragt haben. Zugleich, und spät genug, lenkt das Parlament damit die Aufmerksamkeit auf jene lange Geschichte des Sozialrassismus in Deutschland, die nicht erst 1933 begann, die 1945 auch nicht endete – und die in diesen Wochen eines mörderischen Rechtsterrorismus in einem neuen, noch einmal kälteren Licht erscheint.

Mehr oder weniger rassistisch aufgeladene Formen der sozialen Disziplinierung und Sanktionierung, das hat die

Wissenschaftsgeschichte vielfach gezeigt, gehörten immer schon zu den Instrumenten, mit denen der moderne Wohlfahrtsstaat gesellschaftlichen Randgruppen begegnete. Noch besser erforscht ist der Radikalisierungsschub, den der Machtantritt der Nationalsozialisten in dieser Hinsicht bedeutete: Seit Sommer 1933 trieb das Regime den Auf- und Ausbau eines rassenhygienischen »Maßnahmestaats« (Ernst Fraenkel) mit hohem Tempo voran.

Auftakt einer bald immer weiter ausgreifenden Politik der gesellschaftssanitären »Ausmerze« bildete das sogenannte Erbgesundheitsgesetz, dem ein 1932 in Preußen erarbeiteter Expertenentwurf zugrunde lag. Von Ärzten als »schwachsinnig« oder »erbkrank« diagnostiziert, wurden in den nächsten Jahren Hunderttausende Frauen und Männer, auch sozial auffällige Alkoholiker, per Gerichtsbeschluss zwangssterilisiert. Ziel dieses eugenischen Engineering, das seit Kriegsbeginn in den Massenmord der »Euthanasie«-Programme mündete, war die »erbgesunde Vollfamilie« in einer auf Kampf und Hochleistung getrimmten »Volksgemeinschaft«. Wer dabei nicht mithalten konnte oder wollte – Kränkelnde und Schwache, »Arbeitsscheue« und Prostituierte –, galt fortan als Ballast auf dem Weg ins großgermanische Reich der Zukunft.

Dass die angekündigte »Reinigung des Volkskörpers« eine kaum wieder einzuhegende Dynamik des Sozialrassismus auslösen würde, verdeutlichten im November 1933 die ersten Schritte in Richtung einer verschärften kriminalbiologischen Präventionspolitik. Auf den Erlass über Vorbeugehaft gegen »Berufsverbrecher« – als solcher galt, wer dreimal innerhalb von fünf Jahren wegen Eigentumsdelikten zu einer sechsmonatigen Gefängnisstrafe verurteilt worden war – folgte das Gesetz zur unbefristeten Sicherungsverwahrung sogenannter Gewohnheitsverbrecher. Damit zeichnete sich ab, dass die

Häftlingsgesellschaft in den Konzentrationslagern, in denen anfangs vor allem politische Gegner des Regimes gesessen hatten, perspektivisch eine andere werden würde.

Während seit 1934/35 zunehmend Zeugen Jehovas und Homosexuelle in KZ-Haft genommen worden waren, ordnete Reichsführer SS Heinrich Himmler im Frühjahr 1937 die Einweisung von zweitausend beschäftigungslosen »Berufs- und Gewohnheitsverbrechern« an. Zu diesen Häftlingen mit dem grünem Winkel kamen im April und Juni 1938 mehr als zehntausend Männer hinzu, die als »Asoziale« mit einem schwarzen Winkel gebrandmarkt wurden: Obdachlose, Bettler, »Landstreicher«, Zuhälter und mehrfach Vorbestrafte, aber auch »Zigeuner« und, auf ausdrückliche Anordnung Hitlers, straffällig oder »missliebig« gewordene Juden. Wer nicht ins Bild der sauberen und tüchtigen, sozial und rassisch homogenen »Volksgemeinschaft« passte, das war die Botschaft dieser Aktion »Arbeitsscheu Reich«, der musste um seine Freiheit fürchten. Rassismus, Antisemitismus und Kriminalbiologie griffen augenscheinlich ineinander, aber ein weiteres Motiv hinter den Maßnahmen aus dem Frühjahr 1938 war die Beschaffung von Arbeitskräften für das expandierende Lagersystem und das wachsende Wirtschaftsimperium der SS.

Nach Kriegsbeginn verschärften sich die Verhältnisse in den Konzentrationslagern weiter, gerade auch für Häftlinge mit dem schwarzen Winkel, die selten auf interne Solidaritätsstrukturen hoffen konnten. Noch schlechter allerdings entwickelten sich die Überlebenschancen eines Teils der Kriminellen mit dem grünen Winkel: der seit Ende 1942 aus Justizgefängnissen überstellten »Sicherungsverwahrten«. Ihnen war ausdrücklich »Vernichtung durch Arbeit« zugedacht.

Die Weigerung der AfD-Fraktion, die Anerkennung als NS-Opfer auch jenen zuzubilligen, die seinerzeit als »Asoziale«

und »Berufsverbrecher« in KZ-Haft saßen, machte ihr Abgeordneter Dr. Marc Jongen bei der Aussprache im Bundestag an den »Berufsverbrechern« fest. Diese hätten, »überdurchschnittlich oft« als Kapos eingesetzt, über »Leben und Tod ihrer Mithäftlinge entschieden«. Das »moralisch sensible Urteil« verbiete deshalb ihre »pauschale Anerkennung«. Die Frage nach der Handlungsfreiheit von Funktionshäftlingen in einem von der SS beherrschten Terrorsystem war dem philosophisch gebildeten Kopf keine Überlegung wert.

Welche konkreten Folgen der Beschluss des Bundestages haben wird, bleibt abzuwarten. Die Reden kreisten um die Aufgabe, dem Thema einen »angemessenen Platz in der gesellschaftlichen Erinnerungskultur« zu verschaffen. Vielleicht ist dafür tatsächlich jetzt der richtige Moment: weil sich gerade zeigt, wie lang die Linien und wie vielfältig die Dimensionen des Rassismus in Deutschland sind.

28. Februar 2020

Bequemlichkeit

Die deutsche Politik will Lücken der Erinnerung an die Besatzungspolitik im Zweiten Weltkrieg schließen. Aber sie macht es sich dabei zu leicht

Fast unbemerkt von der Öffentlichkeit hat der Bundestag zwei wichtige geschichtspolitische Entscheidungen getroffen: Am 9. Oktober 2020 stimmten alle Fraktionen – selbstredend mit Ausnahme der AfD – einem Antrag der Regierungsparteien zu, dessen sperriger Titel als klares Programm verstanden werden will: »Gedenken an die Opfer des deutschen Vernichtungskriegs stärken und bisher weniger beachtete Opfergruppen des Nationalsozialismus anerkennen«. Drei Wochen später versammelte sich das Parlament – diesmal bei Enthaltung der Rechten – hinter einem Antrag, über den interfraktionell seit über einem Jahr verhandelt worden war: »Mit einem Ort des Erinnerns und der Begegnung dem Charakter der deutsch-polnischen Geschichte gerecht werden und zur Vertiefung der besonderen bilateralen Beziehungen beitragen«. Auch wenn der Titel des zweiten Antrags dies nur erahnen lässt: In beiden Fällen geht es um die Vergegenwärtigung der deutschen Verbrechen während des Zweiten Weltkriegs und der deutschen Besatzungsherrschaft in Europa. Wie viel bei diesen Themen weiterhin zu tun ist, zeigt die Diskrepanz zwischen dem, was eine international vernetzte historische Forschung seit Jahrzehnten herausgearbeitet hat, und dem, was davon im öffentlichen Bewusstsein angekommen ist.

Paul Ziemiak, der 1985 in Polen geborene Generalsekretär der CDU, hatte deshalb einen Punkt, als er die Debatte mit dem Argument eröffnete, man sei es »der jungen Generation einfach schuldig«, das Wissen über die deutsch-polnische Geschichte zu vertiefen. Außenminister Heiko Maas, der den Antrag namens der SPD befürwortete, illustrierte dieses lückenhafte Wissen, als er von seiner Teilnahme am Gedenkakt zum Jahrestag des Warschauer Aufstands (1944) im vergangenen Jahr berichtete, den eine deutsche Zeitung dann prompt mit dem jüdischen Aufstand im Warschauer Ghetto (1943) verwechselte.

Angesichts solcher Defizite ist es nur zu begrüßen, dass die Diskussion inzwischen über ein bloßes »Polendenkmal« hinweggegangen ist, wie es 2019, zum 80. Jahrestag des deutschen Überfalls auf Polen, gefordert worden war. Denn es geht nicht lediglich um einen Ort zeremoniellen Gedenkens, so wichtig dieses ist. Vor dem Hintergrund schwindender Zeitgenossenschaft – selbst die Kinder des Zweiten Weltkriegs sind mittlerweile Urgroßmütter und Urgroßväter – geht es auch immer weniger um Erinnerung in einem wortwörtlichen Sinn. Im besten Fall geht es heute um die Vergegenwärtigung von historischem Wissen, viel häufiger aber erst einmal darum, Raum und Möglichkeiten zu schaffen für die Aneignung solchen Wissens.

Aus all diesen Gründen reicht ein »Ort des Erinnerns«, wie er in besagter Debatte parteiübergreifend gefordert wurde, nicht hin. Nötig ist ein Ort des historischen Lernens und Begreifens. Nötig ist, was man in Zeiten emphatischer Aufklärung durchaus schon einmal unter einem »Historischen Museum« verstand: kein Haus antiquarischer Geschichtsbetrachtung, das in erster Linie für seine Sammlungen und von seinen Objekten lebt, sondern ein Bildungsort, der kritische Information und kluge Argumente präsentiert – weil nur das die historische Urteilskraft seiner Besucherinnen und Besucher stärkt, ganz unabhängig von deren Alter und Herkunft.

Der breite erinnerungspolitische Konsens, der sich im demokratischen Spektrum der deutschen Politik nach hartem Ringen seit den neunziger Jahren herausgebildet hat, ist ein hohes Gut. Die beiden Geschichtsdebatten der vergangenen Wochen zeugen davon, wie sehr sich unser Parlament dieses Gutes bewusst ist – offensichtlich gerade auch, weil es von den Rechten in Frage gestellt wird. Hörte man aber genauer hin, war hinter dieser erfreulichen Standfestigkeit noch anderes zu erspüren: neben Momenten zweifellos ehrlicher Selbstergriffenheit leider eine Prise zu viel Stolz auf das Erreichte, neben einer Portion Routine leider auch intellektuelle Bequemlichkeit.

Denn wie anders soll man es nennen, wenn der Auftrag der Legislative an die Exekutive nun tatsächlich lautet, parallel zu einem Ort des Gedenkens für die polnischen Opfer ein Zentrum einzurichten, das die Schrecken des deutschen Vernichtungskrieges in ganz Europa dokumentiert? Und das dann auch noch jenen – wohlgemerkt: in erster Linie deutschen – Opfergruppen gerecht werden soll, die sich in der Berliner Gedenklandschaft bislang nicht gebührend berücksichtigt fühlen? Wie will man den Menschen in der Ukraine erklären, warum die Opfer ihrer Vorfahren als Zwangsarbeiter in Deutschland oder als Soldaten in der Roten Armee weniger zählen als das Leid der Polen? Wie will man der jungen Generation in Belarus, wenn der Kampf für die Demokratie dort hoffentlich irgendwann gewonnen ist, vermitteln, dass die Verbrechen der Wehrmacht in ihrem Land geringere Beachtung verdienen als jene in anderen Teilen des vermeintlich deutschen »Lebensraums im Osten«?

Gewiss, es gab wichtige Unterschiede in der deutschen Besatzungspolitik in Europa – aber dass sie irgendwo von Umsicht und Rücksichtnahme geprägt gewesen sei, kann niemand ernstlich behaupten. Die NS-Verbrechen in Frankreich, vor allem die Massaker von Oradour und Ascq, waren im Zeichen der Westintegration vergleichsweise bald auch in der Bundesrepublik präsent. Aber es hat Jahrzehnte gebraucht, ehe sich die Deutschen den Grausamkeiten von Wehrmacht und SS in Griechenland oder auf dem Rückzug in Oberitalien stellen.

Die brutale Logik der deutschen Kriegführung und Besatzungspolitik in Europa kann nur im Ganzen adäquat verstanden werden; ihre Darstellung aus gegenwartspolitischen Gründen aufzuteilen, ist der falsche Weg. Statt paralleler neuer Strukturen und braucht es ein Historisches Museum des Zweiten Weltkriegs in Deutschland. Darüber sollte in jenem europäischen Geist beraten werden, in dem vor Jahren das Museum des Zweiten Weltkriegs auf der Danziger Westerplatte entstand, dessen nationalistische Vereinnahmung und Umdeutung die polnische Regierung unablässig vorantreibt.

6. November 2020

Der Prozess

Vor 60 Jahren stand Adolf Eichmann in Jerusalem vor Gericht. Es war ein Weltereignis – und eine Zäsur für die Überlebenden des Holocaust

Israel war gerade zwölf Jahre alt, die Bundesrepublik nicht einmal elf, als Adolf Eichmann in Argentinien von Agenten des Mossad gekidnappt wurde. Am 22. Mai 1960 brachte eine Maschine der El Al den einstigen SS-Obersturmbannführer außer Landes, am Tag darauf kam er in Haifa in Haft, am 11. April 1961 begann vor dem Bezirksgericht in Jerusalem sein Prozess, der weltweit Schlagzeilen machen sollte. Die Bilder von dem schmalen Mann im Glaskasten, der sich, höchst irreführend, als Bürokrat und Befehlsempfänger präsentierte, aber auch die Aussagen der Zeugen veränderten den Blick auf den Mord an den europäischen Juden.

Fällt heute der Name Eichmann, den vor dem Prozess nur wenige kannten, horcht die Öffentlichkeit immer noch auf. Doch der Grund dafür sind kaum mehr die konkreten Verbrechen, derentwegen der Referatsleiter IV B 4 (»Juden- und Räumungsangelegenheiten«) im Reichssicherheitshauptamt nach 120 Verhandlungstagen schuldig gesprochen und zum Tode verurteilt wurde. Was das Interesse wachhält, sind die »Interessen um Eichmann« – so der treffende Titel eines der Bücher, die um den 50. Jahrestag des Prozesses erschienen. Zum Teil lagen diese Interessen in Jerusalem offen zutage, zum Teil kamen sie erst später ans Licht. Sie verweisen auf die komplizierte Nachgeschichte des Holocaust, die sich in den Umständen von Eichmanns Flucht nach Südamerika, seinem Treiben dort im Kreis der »alten

Kameraden« und seiner spektakulären Entführung natürlich nicht erschöpft.

Die politischen Prämissen, unter denen Israel nach Eichmanns Ergreifung agierte, waren sehr klar: Die Welt sollte akzeptieren, dass sich der junge Staat als die alleinige und rechtmäßige Vertretung aller Juden verstand. Aber der Prozess bot auch Gelegenheit, das Narrativ der zionistischen Staatsgründung zu erweitern, in dem das Schicksal der europäischen Juden bis dahin kaum eine Rolle gespielt hatte. Jetzt sprach Premierminister David Ben-Gurion von der »historischen Pflicht gegenüber sechs Millionen Angehörigen unseres Volks, die ermordet worden sind«.

Israels Anspruch auf rückwirkende Zuständigkeit für die Bestrafung von Nationalsozialisten und ihren Helfern – sprich: von Verbrechen, die stattgefunden hatten, als der Staat noch gar nicht existierte – war seit 1950 gesetzlich geregelt. Die Knesset hatte sich dabei an den epochemachenden Rechtsgrundlagen des Nürnberger Prozesses orientiert, die Straftatbestände aber um einen Punkt erweitert: »Verbrechen gegen das jüdische Volk«.

Auch die Bundesregierung musste sich sortieren, als die Nachricht von Eichmanns Verhaftung kam. Dabei half, dass Konrad Adenauer zwei Monate zuvor Ben-Gurion erstmals persönlich begegnet war; die Fotos von dem Treffen im New Yorker Waldorf Astoria wurden rasch zu Ikonen der deutsch-israelischen Annäherung. Aber kurioserweise half es auch, dass es noch immer keine diplomatischen Beziehungen gab (die deutsche Industrie fürchtete arabische Sanktionen): So ließ sich begründen, dass Bonn von Jerusalem nicht Eichmanns Auslieferung verlangte.

Sogar staatlichen Rechtsschutz sollte der Angeklagte, anders als für deutsche NS-Verbrecher vor ausländischen Gerichten bis dahin die Regel, nicht erhalten. Die Bundesregierung ging auf größtmögliche Distanz – und Adenauer, zum zweiten Mal binnen 15 Monaten, aus Angst um das internationale Ansehen der Republik ins Fernsehen: »Im deutschen Volkskörper, im moralischen Leben des deutschen Volkes, gibt es heute keinen Nationalsozialismus mehr, kein nationalsozialistisches Empfinden«, verkündete der Kanzler am Vorabend des Prozessbeginns. Wie sehr er sich dabei selber glaubte?

Immer wieder in seiner langen Amtszeit wich Adenauer, wenn es um den Antisemitismus ging, in beschwörendes Wunschdenken aus, so auch nach den Hakenkreuzschmierereien an der Kölner Synagoge zu Weihnachten 1959. Und selbstverständlich sorgte er sich wegen Hans Globke, seinem ewig treuen und ewig umstrittenen Staatssekretär, den die DDR, hätte man sie nur gelassen, als Nebenklägerin in Jerusalem zu Eichmanns Ex-Komplizen stilisiert hätte.

Die vergangenheitspolitische Landschaft der Bundesrepublik war, als Eichmann in Jerusalem vor seinen Richtern stand, schon seit zwei, drei Jahren in Bewegung geraten. Vor allem der skandalöse Ahndungsstillstand gegenüber NS-Tätern schien sich aufzulösen: Ein in Ulm fast durch Zufall zustande gekommener Prozess gegen Angehörige des SS-Einsatzkommandos Tilsit hatte bereits im Sommer 1958 die Aufmerksamkeit auf die Massenmorde an den Erschießungsgruben gelenkt; die Justizministerkonferenz reagierte darauf mit der Einrichtung der noch heute ermittelnden Zentralen Stelle in Ludwigsburg.

In Frankfurt, wo Generalstaatsanwalt Fritz Bauer früh Hinweise auf Eichmanns Aufenthaltsort erhalten und nach Israel gegeben hatte, liefen die Vorbereitungen für mehrere NS-Verfahren auf Hochtouren, darunter auch für den dann 1963 eröffneten Auschwitz-Prozess. Und in West-Berlin organisierte Reinhard Strecker 1959 mit ein paar Freunden vom Sozialistischen Deutschen Studentenbund die Wanderausstellung über »Ungesühnte Nazijustiz«. Auch aus solchen Gründen wurden die Jerusalemer Verhandlungen in der Bundesrepublik nicht ganz so sehr zur Mediensensation wie in Israel oder in den USA, wo das Fernsehen prozesstäglich Bilder aus dem Gerichtssaal übertrug.

Die weltweite Wirkung und Bedeutung des Verfahrens allerdings war eminent: Anders als 1945/46 in Nürnberg stand im Eichmann-Prozess der Genozid an den Juden im Zentrum, und anders als bei der Abrechnung mit den übrig gebliebenen »Hauptkriegsverbrechern«, die sich vor allem auf deren hinterlassene Akten stützte (die später so genannten Nürnberger Dokumente), erhielten in Jerusalem Überlebende das Wort. Mehr als hundert von ihnen, manche zum Missfallen einer so strengen Beobachterin wie Hannah Arendt, legten Zeugnis ab über die Dimensionen des Verbrechens. So veranschaulichte der Prozess in noch kaum gehörter Weise ein Geschehen, für das seitdem, zunächst allerdings nur im Land der Überlebenden, ein bis dahin fast unbekanntes Wort geläufiger wurde: Holocaust.

26. März 2021

Selfie in Belsen

Wie nebenbei verändert sich in der Corona-Krise auch unser Umgang mit der nationalsozialistischen Vergangenheit. Die Zukunft der Erinnerung wird fraglich

Die alt, sehr alt gewordenen jungen Menschen von damals hatten sich noch einmal treffen wollen, 75 Jahre danach. Aus aller Welt wären sie, zwölf Monate ist das jetzt her, an Orten in Deutschland zusammengekommen, an denen sie im Frühjahr 1945 befreit worden waren und an denen heute Gedenkstätten ihre Geschichte erzählen. Es hätte Gespräche gegeben in Buchenwald, Dachau, Bergen-Belsen, Ravensbrück und an weiteren der vielen Schauplätze einstiger Unmenschlichkeit – direkte, persönliche Begegnungen mit letzten Überlebenden des nationalsozialistischen Lagersystems, wie sie angesichts der Pandemie nun auch zum 76. Jahrestag der Befreiung nicht möglich sind.

Was derzeit möglich ist, wurde vorvergangenen Sonntag aus Weimar *gestreamt:* eine historisch präzise Rede des Bundespräsidenten im leeren Deutschen Nationaltheater und eine kleine Sequenz berührender Videos ehemaliger Häftlinge von Buchenwald und Mittelbau-Dora, denen es wichtig war, erneut Zeugnis abzulegen – und die sich dafür ungeachtet ihres hohen Alters zuhause in New York oder Paris, Tel Aviv oder Budapest vor eine Computerkamera setzten. Etwa 5000 Menschen waren an diesem Sonntagvormittag in Weimar virtuell dabei; der Theatersaal hätte nur wenigen Hundert Platz geboten.

So alltäglich solche »Hybrid«- und Digitalveranstaltungen inzwischen auch geworden sind, so unklar ist noch, was diese Behelfsformen öffentlichen Lebens auf längere Sicht gesellschaftlich bewirken werden. Im Hinblick auf den Umgang mit der NS-Vergangenheit zeichnen sich Veränderungen allerdings schon ab. Denn die durch Corona beschleunigte Digitalisierung auch in den Gedenkstätten fällt zusammen mit jenem langen Abschied von den Zeitgenossen dieser Zeit, über den die Geschichtswissenschaft seit einem Vierteljahrhundert diskutiert, der von Politik und Medien in den letzten Jahren oft beschworen wurde – und der nun unabweisbar an sein Ende kommt.

Einen Weg, dem Unvermeidlichen zu begegnen, beschreitet die von Steven Spielberg nach dem Welterfolg von »Schindlers Liste« (1993) gegründete Shoah Foundation: Dort hat man schon vor geraumer Zeit begonnen, Überlebende des Holocaust tagelang in besonderen Aufnahmestudios jeweils Hunderte kurze Antworten geben zu lassen. Und damit der Algorithmus später dann garantiert auf die Fragen reagieren kann, die Zuschauerinnen und Zuschauer an das Hologramm der betreffenden Person richten, müssen auch Sätze eingesprochen werden wie: »Ich habe Ihre Frage nicht verstanden.« Auf diese Weise soll, über die Lebenszeit der einstigen Opfer hinaus, der Eindruck von Unmittelbarkeit und Ansprechbarkeit konserviert, ja kreiert werden. Vor Corona bot das »Holographic Theater« im Illinois Holocaust Museum & Education Center solche Vorstellungen im Stundentakt an. Der Historiker Axel Doßmann hat daran teilgenommen; er spricht von »interaktivem Erlebnisarrangement« und kritisiert die Bemühungen um virtuelle Unsterblichkeit der »letzten Zeugen« als »Symptom einer geschichtskulturellen Krise«.

Tatsächlich ist der Nutzen der 3-D-Technik, die – zweifellos in bester Absicht – inzwischen auch in Deutschland eingesetzt wird, fraglich. Angesichts der Fülle längst vorliegender Videos und autobiographischer Zeugnisse von Überlebenden fallen die Probleme, die die kaum aufzulösende Authentizitätsfiktion solcher Hologramme mit sich bringt, jedenfalls besonders ins Gewicht. Und während Digital-Enthusiasten die Zeit-, Wert- und Standortgebundenheit ihrer vielen vorgeplanten Fragen ignorieren, erweitern sich im virtuellen Raum rasant die Möglichkeiten derer, die historische Faktizität gezielt in Zweifel ziehen und zunichtemachen wollen. Zwar existieren inzwischen auch erste digitale Initiativen und Programme, die der grassierenden Geschichtsverfälschung in den sozialen Medien beizukommen suchen. Noch aber sieht es so aus, als ob Holocaust-Leugnung, Antisemitismus und Rassismus im Netz strukturell in der Vorhand wären.

Die Ambivalenzen einer Geschichtsvermittlung, die sich immer mehr ins Netz verlagert, sind nicht zu übersehen. Einerseits gehen damit Möglichkeiten der Wissensaneignung, des forschenden Lernens und von »Citizen Science« einher, die ein traditioneller Gedenkstättenbesuch kaum bieten kann: zum Beispiel, wenn in Bergen-Belsen eine eigens entwickelte App die ansonsten fast unsichtbare historische Topographie des weitläufigen Geländes erschließt. Andererseits verleiten die Routinen des Postings und der Selfies zumal junge Menschen dazu, ihre Präsenz auch an geschichtsträchtigen Orten zu dokumentieren und in der digitalen Welt mit Deutung auszustatten. Solche Sinnstiftung kann banal oder empathisch sein, aber auch bösartig und manipulativ. In jedem Fall ist sie Teil jenes wachsenden Marktes einer populären »Twistory«, bei der nicht kritische Reflexion, sondern bestenfalls Affirmation im Vordergrund steht.

So öffnet sich die Schere weiter: zwischen denen, die Geschichte gleichsam im Vorbeigehen konsumieren, und denen, die sie – vielleicht mehr denn je – intellektuell zu durchdringen und politisch-moralisch zu verarbeiten suchen.

Denn richtig ist natürlich auch, dass es im Umfeld vieler Gedenkstätten Initiativen aus der Gesellschaft gibt, die bedeutsame Arbeit leisten, indem sie etwa das oft zu schmale Angebot an offiziellen Führungen sachkundig ergänzen. Und bis heute gibt es Orte von NS-Verbrechen, deren Sichtbarmachung sich überhaupt nur zähem bürgerschaftlichen Engagement verdankt; ein imponierendes Beispiel dafür ist der »Lernort Zivilcourage & Demokratie« im badischen Schloss Kislau, das die Nationalsozialisten von 1933 bis 1939 als Konzentrationslager für politische Gefangene nutzten.

In Zeiten, in denen sich der Überdruss an einer reflektierten Auseinandersetzung mit NS-Diktatur und Holocaust lautstark artikuliert, in denen kritisches Geschichtsbewusstsein als »Schuldkult« und, wieder einmal, als Wehrkraftzersetzung gedeutet wird – in solchen Zeiten kommt es darauf an, einer angeblichen deutschen »Bewältigungsseligkeit« zu widersprechen, wie es nun auch aus postkolonialer Ecke heißt. Als ob die Bewahrung der NS-Erinnerung in Konkurrenz stehen müsste zu einer wachen Wahrnehmung der deutschen Kolonialverbrechen.

23. April 2021

Renovierungsbedarf

Die Orte der deutschen Demokratiegeschichte haben eine bessere Ausstattung verdient. Trotzdem wäre es falsch, aus der Paulskirche ein 1848er-Museum zu machen

Viel ist seit einiger Zeit von Deutschlands wechselvoller Demokratiegeschichte die Rede. Dazu trug fraglos bei, dass sich, beginnend im November 2018 mit dem 100. Jahrestag der Ausrufung der Weimarer Republik, die »runden« Gedenkanlässe häuften – so im vergangenen Januar der 150. Gründungstag des preußisch-deutschen Kaiserreichs, das manche mittlerweile geradezu zum Motor der Demokratieentwicklung stilisieren wollen. Doch jenseits solch steiler Thesen, aus denen kein Historikerstreit mehr werden wird, gibt es für das neue Interesse an den Wegbereiterinnen und Wegbereitern unserer Demokratie einen unmittelbar politischen Grund. Er liegt in der Hoffnung, durch die Förderung von historischem Wissen der seit Jahren wachsenden Demokratieverachtung beizukommen, die spätestens seit der Bundestagswahl 2017 auch hierzulande offenkundig geworden ist.

Wohl nicht zuletzt unter dem Eindruck des damaligen Erfolgs der AfD hatten sich CDU/CSU und SPD in ihrem Koalitionsvertrag versprochen, eine »Konzeption zur Förderung der Orte deutscher Demokratiegeschichte« vorzulegen. Auf diese Ankündigung folgte jedoch erst einmal – nichts. Dabei wäre es womöglich geblieben, hätte nicht der Bundespräsident, in Fortführung seiner großen Festrede auf die Republik, das Thema immer wieder aufgegriffen. Schon am 9. November 2018 im Bundestag hatte Frank-Walter Steinmeier ungewöhnlich deutlich formuliert: »Ich wünsche mir, dass wir mehr Aufmerksamkeit, mehr Herzblut und, ja, gern auch mehr finanzielle Mittel den Orten und den Protagonisten unserer Demokratiegeschichte widmen. Für das Selbstverständnis unserer Republik sollten wir mehr investieren als nur in die Grablege von Königen oder die Schlösser von Fürsten!«

Vor vier Wochen nun erörterte der Bundestag, von der Öffentlichkeit fast unbemerkt, in erster Lesung einen von Kulturstaatsministerin Grütters mit hochfliegenden Hoffnungen (»herausragender Beitrag zur Extremismusbekämpfung«) eingebrachten Gesetzentwurf, der die Errichtung einer »Stiftung Orte der deutschen Demokratiegeschichte« vorsieht. Die Beratungen darüber müssen im Kulturausschuss schleunigst vorangetrieben werden, wenn das Vorhaben im Gedränge der zu Ende gehenden Legislaturperiode nicht noch auf der Strecke bleiben soll.

Tatsächlich eilt es aber auch aus einem anderen Grund. Denn die erste Herausforderung der geplanten Stiftung stellt sich an ihrem ins Auge gefassten Dienstsitz Frankfurt am Main. Dort soll in zwei Jahren, zum 175. Jahrestag des Zusammentretens der Nationalversammlung am 18. Mai 1848, die überfällige Sanierung der Paulskirche abgeschlossen sein. Es wäre mehr als eine lokale Blamage, wenn Stadt, Land und Bund an einer Aufgabe scheiterten, die kurz nach dem Zweiten Weltkrieg – pünktlich zum 100. Jahrestag der Parlamentseröffnung – scheinbar mühelos gelang. Damals schuf eine Architektengruppe um Rudolf Schwarz in der ausgeglühten Sandsteinruine binnen weniger Monate ein »kunstvoll leeres Raumkunstwerk«, von dem Gottfried Knapp zu Weihnachten 2020 im Feuilleton der *Süddeutschen Zeitung* meinte, es gehöre »zum Besten, was nach dem Krieg gestaltet worden ist«.

Knapps Plädoyer für einen behutsamen Umgang mit dem historischen Baukörper ließ erkennen, dass der ästhetische

Glaubenskrieg um das einstige Gotteshaus längst entbrannt war. An der Frage, ob die Paulskirche nach jahrzehntelanger Vernachlässigung nicht nur gründlich renoviert, sondern substanziell umgebaut werden soll, scheiden sich die Geister. Benedikt Erenz, dem das Verdienst zukommt, in der *Zeit* als einer der Ersten auf den »verwahrlosten Zustand« des Gebäudes aufmerksam gemacht zu haben, sprach von »saurem Sakrokitsch, der die historische Bedeutung des Ortes verständnislos verleugnet«. Herfried Münkler, Hans Walter Hütter und Peter Cachola Schmal, die der Bundespräsident um ihre Expertise gebeten hatte, stießen in das gleiche Horn: Der nüchterne Innenraum bewirke geradezu eine »Blockade historischer Erinnerung«. 1947/48 möge dessen Gestaltung zwar einen sinnfälligen doppelten Bezug zum gescheiterten Projekt der nationalen Einigung von 1848/49 und zur »deutschen Katastrophe« (Friedrich Meinecke) der NS-Zeit geboten haben, inzwischen aber verstehe diese Symbolik kein Mensch mehr: »Erinnerungspolitisch ist das ein Desaster.«

Das Argument nimmt scheinbar Rücksicht auf die mangelnde geschichtliche Bildung heutiger Besucher der Paulskirche, die mit der »radikalen Bußhaltung der unmittelbaren Nachkriegszeit« nichts mehr anzufangen wüssten. Faktisch aber läuft es auf eine lediglich modernisierte Form dekretierter Emotionalisierung hinaus. Denn nationale Erinnerungsorte, so die drei Experten, müssten »jedem und jeder ein Gefühl des Erhabenen vermitteln«.

Wo aber steht geschrieben, dass Interesse für die Geschichte unserer Demokratie nicht über den Verstand zu evozieren wäre? Kommt es nicht in erster Linie darauf an, begreiflich zu machen, wie kompliziert der Weg zu unserer heutigen freiheitlichen Ordnung gewesen ist? Zu erklären, welche fürchterlichen Umwege die Deutschen schon gegangen sind – und dass sich die Fortschreibung einer halbwegs geraden Linie in die Zukunft keineswegs von selbst versteht?

Die zahlreichen, auch ambivalenten Orte der deutschen Demokratiegeschichte erzählen von Versuch und Irrtum, von Erfolg und Niederlage. Sie alle ein wenig besser auszustatten und zu vernetzen, ist eine kluge Idee. Dass der Paulskirche auf dieser Ereigniskette ein herausgehobener Platz zukommt, steht außer Frage. Auch scheint inzwischen Konsens zu sein, dass dem Frankfurter Erinnerungsort ein Dokumentations- und Diskussionszentrum beigegeben werden muss, das nicht nur die Nationalversammlung historisch kontextualisiert, sondern Raum bietet für den aktuellen demokratiepolitischen Diskurs. Genau deshalb aber sollte es jetzt leichtfallen, von einem Rückbau der Paulskirche in ein 1848er-Museum Abstand zu nehmen. Teil der Geschichte, ja der intellektuellen Begründung unserer Demokratie, ist eben auch jenes Pathos der Nüchternheit, mit dem die Deutschen nach 1945 ihre »zweite Chance« (Fritz Stern) ergriffen. Davon zeugt die Paulskirche in ihrer heutigen Gestalt.

21. Mai 2021

Was sie stört

Die Erinnerung an den Holocaust sei zu einem »Katechismus« verkommen, meinen manche Kolonialismus-Forscher. Ihre Kritik gefällt auch der intellektuellen Rechten

Von einem »Historikerstreit 2.0« war schon öfters die Rede seit jener Großdebatte, die Jürgen Habermas im Sommer 1986 lostrat und die im Ergebnis das politisch-moralische Fundament der Bundesrepublik befestigte. Doch anders als in früheren Fällen, in denen der Begriff meist nur helfen sollte, das Desinteresse eines breiteren Publikums zu überwinden, zielt seine Verwendung diesmal ins Zentrum dessen, worum der »Historikerstreit 1.0« vor dreieinhalb Jahrzehnten kreiste: um die Frage nach der Bedeutung des Holocaust in der Geschichte und für die Zukunft dieses Landes.

Es sei an der Zeit, so verkündete der australische Historiker Dirk Moses unlängst auf einem Fachportal, dass sich die Deutschen von jenem »Katechismus« verabschiedeten, den selbsternannte »Hohepriester« als Konsequenz aus der Kontroverse um die Einzigartigkeit des nationalsozialistischen Judenmords verordnet hätten. In dem Wunsch, von »amerikanischen, britischen und israelischen Eliten« akzeptiert zu werden und Deutschlands »geopolitische Legitimität« zu sichern, hätten Linke und Liberale verstärkt seit den neunziger Jahren ältere konservative Vorstellungen von nationaler Ehre und Tradition abgeräumt und die Erinnerung an den Holocaust als Zivilisationsbruch und »heiliges Trauma« durchgesetzt. Seitdem gelte jeder Vergleich mit anderen Genoziden und Rassismen als »Abfall vom rechten Glauben«.

Der verächtliche Ton und eine Flut religiöser Metaphern – die Rede ist von »Heilsgeschichte«, von »Wiederauferstehung« und einem »christologisch geprägten Erlösungsnarrativ«, dem eine ganze Generation von Deutschen erlegen sei – haben dem in den USA lehrenden Professor für globale Menschenrechtsgeschichte inzwischen einige Kritik eingetragen. Doch die meisten Diskutanten beeilten sich, vom Stirnrunzeln über die Sprache zum Lobpreis der Sache zu kommen: Das Anliegen verdiene jede Unterstützung, sowohl wissenschaftlich als auch politisch.

Worum aber geht es Moses und seinen Mitstreitern? Etliche unter ihnen sind seit langem auf dem Feld der vergleichenden Genozidforschung aktiv, andere kommen aus der historischen Afrika-Forschung oder aus den *postcolonial studies*. Im Schnittpunkt vieler ihrer Arbeiten, die sich sowohl mit den neuen Völkermorden seit dem Zweiten Weltkrieg als auch mit den Verbrechen der Kolonialmächte in der Zeit davor befassen, liegt der Holocaust. Aber er ist ihnen auch im Weg.

Offenkundig stört die überragende Aufmerksamkeit, die der Judenmord in den vergangenen etwa drei Jahrzehnten in Deutschland wie in der gesamten westlichen Welt gefunden hat; sie soll nun – und darin liegt die gleichsam umgekehrte Parallele zum ersten Historikerstreit – relativiert werden, um Platz zu schaffen für bisher zu wenig Beachtetes.

Tatsächlich beginnen sich die Deutschen (wie die meisten Europäer) für die Verbrechen ihrer Kolonialvergangenheit gerade erst zu interessieren. Aber richtig ist doch auch: Die aktuelle Raubkunst-Debatte und die Diskussionen um die Bestückung des Berliner Humboldt-Forums finden öffentliche Resonanz in einem Maße, das in eine neue Richtung weist. Gleiches gilt für die von früheren Bundesregierungen terminologisch verweigerte, von der jetzigen aber gerade ausgesprochene Anerkennung des Völkermords an den Herero und Nama, den deutsche Kolonialtruppen zwischen 1904 und 1908 im heutigen Namibia begingen.

Erinnerungspolitisch ist also einiges in Bewegung. Deshalb fällt es schwer, die postkoloniale Kritik an der behaupteten Provinzialität der deutschen Gedenkkultur zum Nennwert zu nehmen. Betrachtet man Moses' Einwände gegen die angeblichen fünf Gebote des »Katechismus der Deutschen« genauer, wird allerdings auch klar, dass es um Verbesserungen – etwa der zeitgeschichtlichen Bildungsarbeit in einer postmigrantischen Gesellschaft – gar nicht geht. Ziel ist vielmehr die Etablierung neuer Regeln: Der Holocaust soll »kontextualisiert«, Antisemitismus soll als bloße Unterform eines ubiquitären Rassismus verstanden werden, und keinesfalls darf weiterhin die Einsicht gelten, dass Antisemitismus sich als Antizionismus verkleiden kann. (Letzteres war einer der Gründe für die Resolution, mit der sich der Bundestag im Mai 2019 gegen die BDS-Bewegung stellte, die Israel politisch, wirtschaftlich und kulturell boykottiert sehen möchte.)

Moses' Mixtur aus derber Polemik und aktivistischer Agenda ist freilich nicht nur für Verfechter linker Identitätspolitik attraktiv, sondern auch für die intellektuelle Rechte. Kaum war der Beitrag online, titelte Martin Sellner auf der Homepage der neurechten Zeitschrift *Sezession*, das Lieblingswort der Holocaust-Leugner vorsichtshalber in Anführungszeichen setzend: »Postkoloniale Angriffe auf den ›Auschwitz-Mythos‹«. Angelehnt an Sigmund Freud diagnostizierte der führende Kopf der österreichischen Identitären einen »Narzissmus der kleinen Differenzen« innerhalb des – selbstredend verabscheuten – »ethnomasochistischen« Lagers. Immerhin, so Sellner, seien die »zelotischen Binnenkriege« unter den »Scholastikern der deutschen Schuldreligion« ein schöner

Baustein für die »rechte Aufgabe« einer »Verwindung des Schuldkults«.

Wenn es bei Moses heißt, den »Glaubenswächtern« der deutschen Erinnerungspolitik gelinge es angesichts der demografischen und generationellen Umbrüche immer schwerer, »die Bevölkerung zu disziplinieren«, dann bedient das nicht nur die perfidesten Unterstellungen der Rechten; es ist auch von erstaunlicher Bösartigkeit gegenüber den Intentionen all derer, die sich seit Jahrzehnten in Gedenkstätten und Dokumentationszentren um historisch-kritische Aufklärung bemühen. Und es ist weit entfernt etwa von der akademischen Realität: Erst kürzlich hat eine Studie belegt, dass von einem übergroßen Lehrangebot zum Thema Holocaust an deutschen Universitäten keine Rede sein kann.

Wie löchrig das deutsche Gedächtnis immer noch (oder wieder) ist und wie selektiv das Wissen über den Zweiten Weltkrieg, könnte sich einmal mehr in den nächsten Tagen zeigen. Viele werden dann womöglich zum ersten Mal hören, dass mit dem deutschen Vernichtungskrieg gegen die Sowjetunion vor 80 Jahren auch der Holocaust begann.

18. Juni 2021

Vaterverteidiger

Ernst und Richard von Weizsäcker werden neuerdings zu Romanfiguren. So verschwimmen die Grenzen zwischen literarischer Freiheit und Geschichtsschreibung

Er habe mitgemacht, um Schlimmeres zu verhindern, und dabei sei er tragisch gescheitert: Das war die Essenz der Erzählung von und über Ernst von Weizsäcker, den ein amerikanisches Gericht im vorletzten der Nürnberger Nachfolgeprozesse im Frühjahr 1949 zu sieben Jahren Haft verurteilte und der vor nunmehr 70 Jahren starb, zehn Monate nach seiner vorzeitigen Entlassung aus dem Landsberger Kriegsverbrechergefängnis. Zu sagen, das »Schicksal« des einstigen Staatssekretärs im Auswärtigen Amt habe die politische Öffentlichkeit der jungen Bundesrepublik berührt, wäre eine Untertreibung. Viele Zeit- und mehr noch vormalige Parteigenossen reagierten empört auf das späte Verfahren, führte es doch noch einmal ins Zentrum jener Debatte, in der die Funktionseliten des »Dritten Reiches« sich und der Welt ihr seinerzeitiges Funktionieren zu erklären versuchten – nämlich so, dass es verzeihlich erschien und zu jener »zweiten Chance« passte, die ihnen die neue, von außen gestiftete Demokratie inzwischen bot.

Die Prominenz, die der »Fall Weizsäcker« damals selbst in der Klatschpresse erlangte und die bis heute nachwirkt, hing nicht so sehr an dem Faktum, dass der »württembergische Edelmann« seit 1938 fünf Jahre lang als ranghöchster Beamter in der Wilhelmstraße für jenes Maß an diplomatischer Professionalität gesorgt hatte, das weder Hitler noch dessen willfährigem Außenminister Ribbentrop zu Gebote stand. Die

Bedeutung des Falles gründete vielmehr in der Suggestivität einer Erzählung über das absolute Böse, das vermeintlich unverschuldet jeden befleckte, der ihm beizukommen trachtete. Sie lag in der behaupteten Ausweglosigkeit, in der sich Ernst von Weizsäcker befunden habe, seit er vergeblich versucht hatte, den »großen Krieg« zu verhindern – und die ihn am Ende selbst Deportationsbefehle nach Auschwitz abzeichnen ließ.

Aber das Interesse an der eigentlich blassen Figur des Staatssekretärs resultierte auch aus einer ungewöhnlichen Konstellation: dass es, wie der sonst so Verschlossene in seiner Autobiographie dankbar hervorhob, einer seiner Söhne war, der ihn in Nürnberg zu verteidigen half (»Richard, der, in Umkehrung der Hilfs- und Schutzpflicht zwischen Eltern und Kindern, alle seine Gaben und ein ganzes Lebensjahr dem alten Vater opferte«).

Die Vater-Sohn-Geschichte sollte dreieinhalb Jahrzehnte später eine zusätzliche Wendung nehmen, als Richard von Weizsäcker seine sogleich in aller Welt gerühmte Rede zum 40. Jahrestag des Kriegsendes hielt. Es beförderte deren Wirkung, machte sie vielleicht sogar erst aus, dass sich der neue Bundespräsident dabei über seine Generationenzugehörigkeit erhob. Denn weder kam von Weizäcker auf seine persönlichen Erfahrungen als Wehrmachtoffizier zu sprechen noch auf sein – zeitlebens kritisch-arrogantes – Urteil über Nürnberg und die Entnazifizierungsbemühungen der Alliierten. Noch gar erwähnte er seinen Vater.

Gleichwohl oder gerade deshalb ist es offenbar die Suche nach untergründigen Verbindungen zwischen dem Wilhelmstraßenprozess und der Rede zum 8. Mai 1985, die nun, weitere dreieinhalb Jahrzehnte später, den Schriftsteller Fridolin Schley motiviert: »Die Verteidigung« lautet der Titel seines Romans, der in wenigen Tagen bei Hanser Berlin erscheint.

Schley kann sich auf eine Vielzahl von Quellen stützen: 1974 hat ein amerikanischer Historiker im Auftrag der Familie die »Weizsäcker-Papiere 1933-1950« herausgegeben, die auch Tagebuchaufzeichnungen und (Gefängnis-)Briefe des Diplomaten umfassen, und bereits seit 1950 liegt das Urteil im »Fall 11« gedruckt vor. Hinzu kommen zeitgenössische, in ihren Ressentiments oft aufschlussreiche Presseberichte, etliche Sachbücher, Biographien – und eine nicht ganz kleine Bibliothek an Forschungsliteratur.

Aus alldem lässt sich eine atmosphärisch dichte Erzählung bauen, die einerseits eng an den gesicherten Fakten und Dokumenten bleibt, andererseits aber kräftig Gebrauch macht von der dem Literaten – anders als der Geschichtswissenschaft – jederzeit offenstehenden Möglichkeit, zu spekulieren und zu psychologisieren. Das Ergebnis ist beachtlich: Schleys Roman ist dort besonders stark, wo er dem zu Anfang des Prozesses 34-jährigen Hauptverteidiger Hellmut Becker mit den Augen des 27-jährigen Hilfsverteidigers Richard von Weizsäcker folgt. Erzählerisch liegt das schon deshalb nahe, weil Becker, ein Straßburger Studienfreund Carl Friedrich von Weizsäckers, des ältesten der Weizsäcker-Söhne, das Vertrauen der gesamten Familie besaß – anders als Warren E. Magee, ein vor allem aus taktischen Gründen beigezogener US-Anwalt, den Schweizer Weizsäcker-Freunde finanzierten.

Schleys Entscheidung, das Eröffnungsplädoyer der Verteidigung Hellmut Becker in den Mund zu legen (tatsächlich hielt es, gewiss von Becker kalkuliert, Magee), beschreibt eine höhere Wahrheit. Zur gesicherten Realität gehört, dass Becker mit Billigung der Familie ebenso effizient wie skrupellos agierte – etwa, wenn es darum ging, Zeugenaussagen ehemaliger Mitarbeiter des Staatssekretärs »abzustimmen« oder, nach dem Urteilsspruch, Bundespräsident Theodor Heuss dazu zu bewegen, sich bei John McCloy, dem amerikanischen Hohen Kommissar, für Weizsäckers Begnadigung einzusetzen.

Dass Becker, bald schon höchst einflussreicher Strippenzieher in der bundesdeutschen Kultur- und Wissenschaftspolitik, 1937 der NSDAP beigetreten war (mithin noch ein Jahr vor Ernst von Weizsäcker), wurde erst nach seinem Tod bekannt. Das Faktum dieser Mitgliedschaft bereits in Beckers erstem inneren Monolog zu konstatieren, gehört zur Freiheit des Schriftstellers.

Das Cover des Romans nutzt ein bekanntes Foto, dessen Raffinesse sich allerdings erst im Wissen über die tatsächlichen Prozessverhältnisse erschließt: In der schwarzen Robe des Verteidigers wendet sich Sohn Richard dem Vater auf der Anklagebank zu; von Becker oder gar von Magee keine Spur. Hier hätte sich der Historiker eine kleine Bildbetrachtung gewünscht – und dazu ein bisschen dichterischen Mut: für die nicht gerade fernliegende Behauptung, dass hinter dieser genialischen Bildregie der große Manipulator Hellmut Becker stand.

13. August 2021

Mordfrühstück

Das Protokoll der Wannsee-Konferenz ist das bekannteste Dokument des deutschen Judenmords. Es zu deuten, ist auch nach acht Jahrzehnten nicht ganz einfach

Wer in den sechziger Jahren zur Schule ging, dessen Geschichtsunterricht endete oft spätestens bei Bismarck. Viele aber hatten auch Lehrer – Geschichte war damals noch Männersache –, die das Klassenzimmer als Kaserne betrachteten und im Stil von Wehrmachtgenerälen wie Erich von Manstein über »verlorene Siege« schwadronierten. Ich hingegen hatte Glück: Unser junger, aufklärerisch gesinnter Lehrer für Deutsch und Geschichte machte ein Prinzip daraus, seinen Schülerinnen und Schülern komplette Dokumente aus der NS-Zeit vorzulegen, über die wir ausgiebig diskutierten. So lasen wir als Teenager das Protokoll der Wannsee-Konferenz.

Wahrscheinlich entgingen uns manche Einzelheiten. Auch sagten uns die Namen der Teilnehmer jener »Besprechung mit anschließendem Frühstück«, zu der Reinhard Heydrich für den 20. Januar 1942 in die Villa Am Großen Wannsee 56-58 geladen hatte, erst einmal wenig, obgleich die Niederschrift den Rang und die institutionelle Zugehörigkeit der 15 Herren exakt verzeichnete. Doch dass es sich um einen Schlüsseltext über die »Endlösung der europäischen Judenfrage« handelte und dass dafür »rund 11 Millionen Juden in Betracht« gezogen wurden, das begriffen wir bei stockendem Atem auch ohne didaktische Nachhilfe. Denn trotz aller bemühten Umschreibungen, die Protokollführer Adolf Eichmann ersonnen hatte, ließen die 15 maschinenschriftlichen Seiten keinen Zweifel an dem »im Osten« Geplanten: »In großen Arbeitskolonnen, unter

Trennung der Geschlechter, werden die arbeitsfähigen Juden straßenbauend in diese Gebiete geführt, wobei zweifellos ein Großteil durch natürliche Verminderung ausfallen wird. Der allfällig endlich verbleibende Restbestand wird, da es sich bei diesem zweifellos um den widerstandsfähigsten Teil handelt, entsprechend behandelt werden müssen, da dieser, eine natürliche Auslese darstellend, bei Freilassung als Keimzelle eines neuen jüdischen Aufbaues anzusprechen ist.«

Dass der Judenmord zu diesem Zeitpunkt längst begonnen hatte, obwohl sich Heydrich noch als Beauftragter für die »Vorbereitung der Endlösung« vorstellte, konnten wir Schüler dem Dokument nicht entnehmen. Und wir erfuhren auch nicht, dass außer Eichmanns Sekretärin, in der damals niemand eine Schreibtischtäterin erblicken mochte, noch drei der einstigen Konferenzteilnehmer lebten. (Ein vierter, Gestapo-Amtschef Heinrich Müller, galt seit 1945 als verschollen; ein fünfter, Innen-Staatssekretär Wilhelm Stuckart, der am Wannsee statt für die Deportation der »jüdischen Mischlinge« für deren Zwangssterilisierung eingetreten war und sich dies später zugutehielt, hatte den Nürnberger Wilhelmstraßen-Prozess 1949 als freier Mann verlassen, war aber 1953 bei einem Autounfall ums Leben gekommen.)

Damit war unser Wissensstand allerdings nicht geringer als der des informierten Teils der deutschen Nachkriegsgesellschaft, ja selbst der meisten Historiker. Denn über etlichen Aspekten des Zentralverbrechens der NS-Zeit lag immer noch – zum Teil auch schon wieder – ein von vielen Zeitgenossen durchaus geschätzter Schleier des Unpräzisen. Man hatte Gründe, es nicht so genau wissen zu wollen.

Für den Nürnberger Hauptprozess war die Entdeckung des Wannsee-Protokolls (genauer gesagt: des 16. von ursprünglich 30 Exemplaren, das sich in einer ausgelagerten Aktenkiste des Auswärtigen Amts erhalten hatte) 1946/47 zu spät gekommen. Größere öffentliche Beachtung fand das Dokument deshalb erst im Kontext des Jerusalemer Eichmann-Prozesses 1961, als Robert Kempner es in seinem Buch über »Eichmann und Komplizen« in voller Länge veröffentlichte. Das Problem daran war, dass die Abschrift wie ein Faksimile erschien – und Kempner, der als ehemaliger preußischer Beamter und erklärter Hitler-Gegner 1935 aus Deutschland hatte fliehen müssen, vielen Deutschen seit seiner Zeit als Ankläger in Nürnberg geradezu verhasst war. Auch deshalb wurde Kempners wörtlich exakter, dem Original aber typographisch nur nachempfundener Abdruck der »Geheimen Reichssache« schon bald zu einem willkommenen Agitationsobjekt der Holocaust-Leugner, die bis in die Gegenwart mit irrwitzigen Behauptungen versuchen, Zweifel an der Echtheit des Protokolls zu säen.

Vermeintliche Anknüpfungspunkte dafür boten sich umso eher, als es der Geschichtswissenschaft von jeher schwerfiel, das ikonische Dokument in den komplizierten Entscheidungsprozess auf dem Weg zum Völkermord einzuordnen. »Das Merkwürdigste an jener vielgenannten Zusammenkunft« sei, schrieb Eberhard Jäckel – pointiert, aber treffend – noch 1992, »dass man nicht weiß, warum sie stattgefunden hat.« Zugleich dementierte der Zeithistoriker anlässlich des 50. Jahrestags ein weiteres Mal die vereinfachte öffentliche Lesart, wonach am Wannsee der Holocaust »beschlossen« worden sei.

Tatsächlich war eine halbe Million jüdischer Sowjetbürger – Männer, Frauen und Kinder – bereits seit dem deutschen Überfall auf die UdSSR am 22. Juni 1941 ermordet worden, und am 15. Oktober hatte die Deportation jüdischer Deutscher »nach dem Osten« begonnen. Doch auch die Erklärung, Heydrich habe das Treffen gebraucht, um den Ablauf der »Endlösung«

zu koordinieren, hielt Jäckel für ungenügend. Seine kaum zu widerlegende These: Dem Chef des Reichssicherheitshauptamts und amtierenden Reichsprotektor in Böhmen und Mähren sei es um die Dokumentation seiner inzwischen erreichten »zentralen Kompetenz in dem zentralsten Bereich des NS-Staates« gegangen. Nur der Umstand, dass fünf Monate später in Prag auf ihn ein Attentat verübt wurde, habe »der Nachwelt verhüllt, dass nicht Himmler, sondern Heydrich der eigentliche Architekt der Endlösung war«.

Von Eichmann wissen wir, dass Heydrich sich nach Konferenz und »Frühstück« (so nannte man damals ein Mittagessen unter Diplomaten) in der Villa noch einen Cognac genehmigte. Er wirkte zufrieden: Niemand aus dem Kreis der Teilnehmer, viele davon promovierte Juristen, hatte einen grundsätzlichen Einwand vorgebracht. Auch Gerhard Klopfer, Otto Hofmann und Georg Leibbrandt nicht – jene drei, die noch in den achtziger Jahren in bürgerlicher Unauffälligkeit unter uns lebten.

14. Januar 2022

Richter vor Gericht

Die ersten der zwölf Nürnberger Nachfolgeprozesse endeten vor einem Dreivierteljahrhundert. Ihre Bedeutung schwindet aber nicht, sie wächst

Es war noch in der Zeit vor den festen Begriffen. Als Telford Taylor in Nürnberg von einem »holocaust of death and misery« sprach, suchte er das Ausmaß von Tod und Elend zu fassen, das die deutschen Funktionseliten unter Hitler angerichtet hatten. Taylors Thema im Februar 1947 war die Verantwortung der Juristen, aber im gleichen Atemzug zählte er auf: Diplomaten, Generäle, Parteifunktionäre, Industrielle – letztlich »alle Führer des Dritten Reiches«. Der Enddreißiger war eineinhalb Jahre zuvor in die zerstörte »Stadt der Reichsparteitage« gekommen, im Team von Robert H. Jackson, Amerikas Chefankläger vor dem Internationalen Militärgerichtshof. Als Justice Jackson nach Verkündung des Urteils gegen die Hauptkriegsverbrecher an den Supreme Court in Washington zurückkehrte, übernahm Taylor, mittlerweile Brigadegeneral, die Anklage in den sogenannten Nürnberger Nachfolgeprozessen: präzedenzlose Verfahren, deren historisch-politische Bedeutung sich auch 75 Jahre später keineswegs erschöpft hat.

Im dritten der zwölf Fälle, dem Juristenprozess (»Vereinigte Staaten von Amerika vs. Josef Altstötter et al.«), stand bis Dezember 1947 eine fast zufällig zu nennende Auswahl vormaliger Richter, Reichsanwälte, Staatssekretäre und Ministerialer vor Gericht – ein konzeptionelles Novum, zumal aus deren Sicht: »Bin ich als Richter ein Krimineller?«, fragte einer der zuletzt noch 14 Angeklagten empört. Das war natürlich Lichtjahre entfernt von der unterdessen immerhin möglichen (Selbst-)Erkenntnis, dass sich die notorisch nationalkonservative deutsche Justiz, ungeachtet ihrer anfänglich in Teilen durchaus zu beobachtenden Distanz gegenüber der »braunen Revolution«, zum eilfertigen Diener eines vernichtungswütigen Regimes gemacht hatte. Genau dieses Faktum aber brachte der Prozess dann ans Tageslicht, und zwar nicht obwohl, sondern weil sich die Angeklagten in ihren Rängen und Funktionen erheblich unterschieden. Dadurch ergab sich jenes anschauliche Bild, das manche Unwägbarkeiten kompensierte; so hatte einer der Beschuldigten aus dem Reichsjustizministerium noch vor Verhandlungsbeginn Suizid begangen, und Karl Engert, der sich als Vizepräsident des Volksgerichtshofs mit Todesstrafen gegenüber Minderjährigen hervorgetan hatte, kam wegen Krankheit davon.

Zu den Vorzügen des Juristenprozesses gehörte, dass er auf eine Auseinandersetzung mit der Urteilspraxis der nationalsozialistischen Sondergerichte nicht beschränkt blieb. Auch nahmen die erfahrenen Richter nicht lediglich eine Reihe offenkundiger Unrechtsgesetze und menschenverachtender Strafbestimmungen in den Blick. Sondern sie verdeutlichten, dass es kein sicheres Recht im Unrechtsstaat gab; Hitlers strafverschärfenden Ad-hoc-Eingriffen galt dabei ihr besonderes Augenmerk. Vor allem aber präparierten die Amerikaner das »System der Grausamkeit und Ungerechtigkeit« eindrucksvoll heraus, dem sich die Angeklagten »unter Verletzung der Kriegsgesetze und der Gesetze der Menschlichkeit« verschrieben hatten – im Namen des Rechts. Das Urteil brachte diese Erkenntnis in dramatischen Worten auf den Punkt: »Der Dolch des Mörders war unter der Robe des Juristen verborgen.«

Doch selbst ein derart starker Satz drang im Winter 1947 nicht mehr durch. Anders als beim Ärzteprozess, der ein paar

Monate zuvor mit sieben Todesstrafen (aber auch mit vielen Freisprüchen) zu Ende gegangen war, nahm die Öffentlichkeit nun kaum mehr Notiz. Das hing mit dem enormen Widerwillen zusammen, mit dem die Deutschen inzwischen alles beäugten, was nach Entnazifizierung roch, allerdings wohl auch mit den vergleichsweise milden Strafen. Dr. jur. Franz Schlegelberger, der ranghöchste Angeklagte, war als kommissarischer Justizminister (1941/42) ebenso wie drei weitere Delinquenten zu lebenslangem Zuchthaus verurteilt worden; daneben hatte es sechs Zeitstrafen und vier Freisprüche gegeben.

Die wachsenden Aversionen gegen das »System von Nürnberg« zeigten sich nicht zuletzt darin, wie es mit Schlegelberger weiterging, unter dessen Regie die deutsche Justiz zum Komplizen der »Euthanasie«-Verbrechen geworden und die mörderische Polenstrafrechtsverordnung entstanden war: Bereits Ende Januar 1951, auf dem Höhepunkt der von den Deutschen erzwungenen »Gnadenwelle« zugunsten der in Landsberg einsitzenden Kriegsverbrecher, gewährte ihm der amerikanische Hohe Kommissar John McCloy krankheitshalber Haftverschonung. Ein paar Jahre später wurde Schlegelbergers Strafmaß dann auf die verbüßte Zeit reduziert. Sein zweites Nachkriegswerk, laut süffisantem Untertitel »Ein Führer durch das in Deutschland geltende Recht« (1955), war da schon auf dem Markt. So war es wohl auch kein Wunder, dass der versierte Zivilrechtler sein üppiges Ruhegehalt als Staatssekretär bis in sein neunzigstes Lebensjahr zu verteidigen verstand; erst danach musste sich Schlegelberger mit einer Rente bescheiden.

Der letzte Verurteilte aus dem Juristenprozess kam im Februar 1957 frei: Ex-Staatssekretär Herbert Klemm, der kurz vor Kriegsende noch für ein paar Tage den Reichsjustizminister hatte geben dürfen; der Anklage war er nicht zuletzt als Promotor der Lynchjustiz gegenüber abgestürzten US-Piloten aufgefallen. Ein Jahr nach Klemm, dessen Spuren sich 1961 in Starnberg verlieren, konnten die noch verbliebenen Häftlinge Landsberg verlassen: drei vormalige SS-Führer, die im Nürnberger Einsatzgruppenprozess ursprünglich zum Tod verurteilt worden waren.

Waren die zwölf Prozesse also ein Fehlschlag? Ganz sicher, wenn man sie allein an dem Ziel misst, mit den exemplarischen Verfahren den Anstoß zu geben für eine – bekanntlich ausgebliebene – grundlegende strafrechtliche Abrechnung mit den Funktionseliten der NS-Zeit. Schon weniger, wenn man deren durch »Nürnberg« am Ende beförderte Neigung bedenkt, sich in die neuen politischen Verhältnisse opportunistisch einzupassen. Und ganz sicher nicht, wenn man Telford Taylors Worte hinzunimmt, der 1949 prophezeite, wir alle würden, »as time goes on«, von »Nürnberg« eher mehr als weniger hören: als dem Beginn der Stärkung des (Völker-)Rechts.

11. November 2022

Jahr am Abgrund

Historische Wegmarken heißen so, weil es auch anders hätte kommen können. Das war im Deutschland des Jahres 1923 genauso der Fall wie eine Dekade später

Nun also 1923. Als seien die Schrecken des eben zu Ende gegangenen Jahres nicht genug – und als seien dessen Schrecken zu Ende –, lenken die Routinen und der Rhythmus des Hundertjahrgedenkens in den kommenden Wochen und Monaten unseren Blick auf das gefährlichste unter den Schreckensjahren aus der Anfangszeit der ersten deutschen Demokratie. Damals überstand die Weimarer Republik, nach dem abgewendeten Kapp-Putsch von 1920 und dem Mord an Außenminister Walther Rathenau 1922, nur mit Mühe ihre bis dahin größte Herausforderung. Genauer gesagt, waren es deren mindestens zwei: Seit Januar 1923 die durch den passiven Widerstand gegen die französische und belgische Besetzung des Ruhrgebiets zwar nicht erst ausgelöste, aber zur Hyperinflation gesteigerte totale Geldentwertung – und der Hitler-Putsch vom 8. und 9. November.

Mehr als ein Dutzend neuer historischer Darstellungen, zum Teil schon seit einem Dreivierteljahr in den Buchläden, konkurrieren jetzt um Aufmerksamkeit. »Deutschland 1923. Das Jahr am Abgrund« lautet der Titel des großen Panoramas, das Volker Ullrich aufgemacht hat, »Außer Kontrolle« heißt es bei Peter Longerich und »1923: Ein deutsches Trauma« bei Mark Jones. Natürlich entstanden all diese Vergegenwärtigungen der Geschehnisse eines Kalenderjahres, das als solches ja nur eine Zeitspanne markiert und noch keine geschichtliche Erkenntnis verheißt, nicht im luftleeren Raum, sondern vor dem Hintergrund heutiger Krisen. Und nicht zuletzt in diesem Sinne dürften sie gelesen werden: Wie war das damals, als die Inflation das soziale Ungleichgewicht weiter verschärfte? Als in der Krise einzelne Unternehmer riesige Gewinne machten, während die Mittelschicht ihr Erspartes verlor? Und wie begegneten die staatlichen Instanzen dem schwerlich zu übersehenden Faktum, dass sich nicht allein am linken und rechten Rand, sondern bis weit ins konservative Bürgertum hinein Verschwörer gegen die demokratische Ordnung organisierten?

Solche und ähnliche Fragen drängen sich etlichen Leserinnen und Lesern zweifellos auf, machen für viele vielleicht sogar den Reiz von Lektüren im Takt »runder« Jahrestage aus. In bestimmten Fällen aber laden die seit einiger Zeit reüssierenden Jahres-Biographien nicht nur zum Abgleich des Vergangenen mit den Problemlagen unserer Gegenwart ein. Mitunter zeigen sie auch einstige Alternativen auf: Wege, die offenstanden, aber nicht beschritten wurden.

»Roads not taken« heißt die von einem Team um Dan Diner kuratierte Ausstellung des Deutschen Historischen Museums, die 14 »Deutsche Zäsuren« im Rückwärtsgang in den Blick nimmt, von 1989 bis 1848. Die Ereignisse des Jahres 1923 tauchen in dieser Reihung zwar nicht eigens auf, wohl aber deren Folgen. Denn zieht man den Untertitel der Geschichtsschau ernsthaft in Betracht (»Es hätte auch anders kommen können«), dann lässt sich doch eine ziemlich direkte Linie ziehen von Hitlers kläglich gescheitertem »Marsch auf die Feldherrnhalle« bis zum 30. Januar 1933, dessen welthistorische Bedeutung ja erst im Nachhinein offenbar geworden ist.

Vor 90 Jahren, in den ersten Januartagen 1933, schien vielen Optimismus angezeigt. Das Ende der zweiten wirtschaftlichen Talfahrt binnen einer halben Dekade, konkret die Überwindung der extremen Arbeitslosigkeit nach dem Börsencrash vom 24. Oktober 1929, kam gerade in Sicht, und seit der Reichstagswahl vom November 1932 war auch der Aufwärtstrend der NSDAP gebrochen. »Millionen von Anhängern sind dieser Bewegung verlorengegangen«, konstatierte Rudolf Kircher hoffnungsfroh in der *Frankfurter Zeitung*. Das Münchner Satireblatt *Simplizissimus* höhnte sogar in Versen: »Eins nur lässt sich sicher sagen, und das freut uns ringsherum: Hitlern geht es an den Kragen, dieses ›Führers‹ Zeit ist um!« Vier Wochen später war der innerparteilich eben noch arg angeschlagene »Führer« Reichskanzler.

Die Berliner Ausstellung knüpft eine ihrer Fragen an diese scheinbar überraschende, aber mitnichten alternativlose Entwicklung: Was wäre gewesen, wenn Reichspräsident von Hindenburg sich nicht dafür entschieden hätte, Hitler mit der Kanzlerschaft zu betrauen? Auch im Januar 1933 war der Lauf der Geschichte nicht vorherbestimmt, allen auf Seiten der Rechten seit jeher gegebenen und nie wirklich überwundenen Vorbehalten gegen die Republik zum Trotz.

Ein anderes Gedankenexperiment unterstreicht noch einmal die Bedeutung des Jahres 1923, in dem es schließlich gelang, durch einen radikalen Währungsschnitt die Inflation zu beenden und die politische Lage zu beruhigen. Die Frage ist ja nicht abwegig, was aus der NSDAP – damals nur eine von mehreren Splitterparteien im völkischen Lager – geworden wäre, wenn am Odeonsplatz nicht Hitlers Nebenmann, sondern er selbst von den Kugeln der Bayerischen Landespolizei tödlich getroffen worden wäre. Gewiss, eine Zeitlang hätten ihn seine Anhänger wohl als den prominentesten ihrer 16 »Blutzeugen« verehrt. Aber wäre einem anderen in den folgenden Jahren der politischen und wirtschaftlichen

Konsolidierung gelungen, was der charismatische Nobody aus Braunau am Inn nach Rückkehr aus seiner Landsberger Luxushaft vermochte: nämlich das zersplitterte völkische Lager hinter sich zu versammeln und bis zur nächsten Gelegenheit – sprich: bis zur nächsten Krise der Republik – zusammenzuhalten?

Als das bittere Jahr 1923 zu Ende ging, hellten sich die Aussichten der Demokratie fast schlagartig auf. Deshalb lässt sich sogar, wie Wolfgang Niess in seiner neuen Darstellung des Hitler-Putsches vorschlägt, auch an dieser Stelle ein wenig kontrafaktisch argumentieren: Tatsächlich spricht manches dafür, dass Hitlers dilettantisches Vorpreschen gerade jenen Umsturz verhinderte, auf den es ein weitaus breiteres und stärkeres Spektrum rechter Republikfeinde angelegt hatte. Das erinnert an die derzeitige Lage in den USA, wo die extreme Rechte zunehmend Zorn auf Donald Trump entwickelt, weil sie ihre Chancen durch dessen Aufruf zum Marsch aufs Kapitol vor zwei Jahren nicht gestärkt, sondern geschwächt sieht – scheint das Bewusstsein für die elementare Gefährdung der Demokratie seitdem doch ein Stück gewachsen zu sein.

5. Januar 2023

Historische Lava

Im Streit um das Holocaust-Denkmal vor 25 Jahren übernahm der Historiker Reinhart Koselleck die Rolle der Kassandra. Die Geschichte hat ihn widerlegt

Hundertste Geburtstage sind eine feine Sache. Weil nach wie vor die wenigsten von uns ein solches Alter erreichen, sind sie der ideale Anlass, um an ein Lebenswerk zu erinnern, es vielleicht sogar in eine neue Perspektive zu rücken. Jedenfalls ist die Neugier der Nachwelt – hinreichende Prominenz der oder des Betreffenden zu Lebzeiten vorausgesetzt – zum Hundertsten meist noch groß genug, um den Würdigungsbetrieb in Gang zu bringen. Zuletzt war dies bei Reinhart Koselleck (1923-2006) der Fall, dessen Großgeburtstag am 23. April Anlass etlicher Huldigungen und eines neuen Bands mit seinen Aufsätzen war.

Den Historiker und Denkmal-Spezialisten Koselleck als den Erfinder der modernen Begriffsgeschichte zu bezeichnen, ist keine große Übertreibung. Ohne ihn gäbe es die »Geschichtlichen Grundbegriffe« nicht, ein in den späten sechziger Jahren konzipiertes »Historisches Lexikon zur politisch-sozialen Sprache in Deutschland«, das seinen Abschluss nach einem Vierteljahrhundert Kosellecks Zähigkeit und Ausdauer verdankt: ein 9000 Seiten starkes Monument geschichtswissenschaftlicher Reflexion und Methodik, das weltweit seinesgleichen sucht, um das Wikipedia-verwöhnte Studierende heute gleichwohl eher einen Bogen machen.

Aber Koselleck war nicht nur ein theoretischer, sondern auch ein dezidiert politischer Kopf, und augenscheinlich deshalb erfährt er in Zeiten der »Zeitenwende« und eines neuen

Krieges mitten in Europa viel Aufmerksamkeit. Die Radikalität seiner immer schon verstörenden Behauptung, dass aus der Geschichte nichts zu lernen sei, gewinnt vor diesem Hintergrund scheinbar neue Berechtigung, ebenso sein Diktum von der »Unaustauschbarkeit eines primären Erfahrungswissens«, das sich nicht »überbieten« lasse: »Wissen ist besser als Besserwissen.«

Für solche Sarkasmen ist Koselleck berühmt. Im konkreten Fall entfalten sie ihre Wirkung auf seine vielen Bewunderer auch deshalb, weil sie nicht Teil abstrakter Darlegungen sind, sondern eingewoben in einen inzwischen legendären autobiographischen Text, den der Bielefelder Historiker zum 50. Jahrestag des Kriegsendes 1995 veröffentlichte. Dessen Kern bildete ein fragwürdiges, um nicht zu sagen schiefes Bild, in das Koselleck seine Erfahrung von Auschwitz gefasst hatte, wohin er als deutscher Kriegsgefangener Anfang Mai 1945 von den Sowjets zur Zwangsarbeit bei der Demontage des IG Farben-Werks in Monowitz verschleppt worden war. »Dort hörten wir, dass drüben bei Birkenau Millionen vergast worden seien.« Von der Wahrheit dieses Wortes »spontan überzeugt«, sprach Koselleck von »Erfahrungen, die sich als glühende Lavamasse in den Leib ergießen und dort gerinnen. Unverrückbar lassen sie sich seitdem abrufen, jederzeit und unverändert.«

Die Gedächtnisforschung sagt längst anderes: Jeder Aufruf von Erinnerung verändert diese, wie minimal auch immer. Aber das eigentlich Irritierende an Kosellecks bitterem Text lag darin, dass sich damit ausgerechnet ein Historiker der historisch-politisch abwägenden Einordnung der Zäsur des Kriegsendes entzog. Stattdessen trug der Autor die eigenen traumatischen Erfahrungen als junger Soldat an der Ostfront mit einem Geltungsanspruch vor, der, an dem von ihm verehrten Carl Schmitt geschult, einer Gesprächsverweigerung gleichkam. Und unausgesprochen, aber gewiss nicht unbeabsichtigt, dementierte er damit prinzipiell die Möglichkeit, eine Geschichte gesellschaftlicher Erfahrungen zu schreiben – statt Erfahrungen lediglich gegeneinanderzusetzen.

Die Unbedingtheit seines verabsolutierten Erfahrungswissens bestimmte auch Kosellecks Argumentation in den beiden Denkmal-Debatten der neunziger Jahre, in denen er der nach Berlin ausgreifenden Bonner Politik in den Arm zu fallen suchte: Als sich Kanzler Kohl vor dreißig Jahren anschickte, die Neue Wache zur zentralen deutschen Gedenkstätte für die Opfer von »Krieg und Gewaltherrschaft« zu machen, opponierte der Experte für historisches Totengedenken vehement. Sowohl die Widmung als auch das Vorhaben, im Innenraum des Schinkel-Baus Unter den Linden eine vergrößerte Pietà von Käthe Kollwitz aufzustellen, ließ Koselleck im Sommer 1993 fragen, »ob die Bundesregierung wirklich weiß, was sie tut«. Das Mutter-Sohn-Motiv, so der Historiker, könne das Massensterben im Zweiten Weltkrieg nicht repräsentieren. Das Argument war valide, drang aber nicht durch.

Es war offenbar auch diese Erfahrung, die Koselleck im Streit um das Denkmal für die ermordeten Juden Europas, der fünf Jahre später die deutschen Feuilletons füllte, den Ton noch weiter verschärfen ließ.

Dabei konstruierte er eine Verbindung, die die bürgerschaftliche Genese des ihm zutiefst widerstrebenden Vorhabens glatt beiseitewischte. Denn obwohl sich in Berlin ein Förderverein bereits seit 1988 für ein Holocaust-Denkmal eingesetzt hatte, erklärte Koselleck das Projekt zur Konsequenz von Kohls »Fehlentscheidung« an der Neuen Wache. Aus der vor diesem Hintergrund »erzwungenen Konzession, auf Seiten der Unschuldigen nur der Juden zu gedenken und nicht der Millionen anderer unschuldiger Ermordeter«, ergebe sich nun, »dass wir für alle anderen Opfergruppen entsprechende Denkmäler errichten müssen«. So entstehe eine versteinerte »Denkmalshierarchie«, bei der sich die Frage stelle, »ob wir als Nation der Täter diese Folgelasten gutheißen können«.

Tatsächlich entstanden in den folgenden Jahren außer dem Stelenfeld am Brandenburger Tor weitere Denkmäler: für die in der NS-Zeit verfolgten und ermordeten Sinti und Roma, für die Homosexuellen und für die Opfer der sogenannten Euthanasie-Aktionen. Aus Kosellecks »Nation der Täter« aber ist längst eine Gesellschaft ihrer Nachkommen geworden, und eine der Nachkommen der überlebenden Opfer. Deshalb braucht, wem es um historische Vergegenwärtigung der Verbrechen zu tun ist und um die demokratiepolitisch konstruktive Weiterentwicklung unseres Geschichtsbewusstseins, Kosellecks Kassandrarufe aus den Neunzigern nicht. Sie anlässlich seines hundertsten Geburtstags nun unkritisch zu feiern, hilft nur denen, die einen erinnerungspolitischen Kurswechsel wollen.

21. Juli 2023

Aiwangers Achtziger

Das Flugblatt aus Niederbayern erinnert daran, dass die Aufklärung über den Nationalsozialismus immer schon mit Geschichtsverfälschern zu kämpfen hatte

Wer hätte gedacht, in Zeiten von Klimakrise und Ukrainekrieg könnte sich irgendjemand in diesem Land für das widerliche Traktat eines (oder zweier) Gymnasiasten aus den Achtzigern interessieren? Oder gar für eine Kolumne, die sich darauf einen Reim zu machen versucht, ohne dass Hubert und Helmut (oder Helmut und Hubert) im Mittelpunkt stehen? Tatsächlich soll es hier nicht noch einmal um die Aiwangers gehen, sondern um die geschichtspolitische Konstellation in den letzten Jahren der alten Bundesrepublik, in der die beiden Teenager – so sagte man damals sogar schon in Niederbayern – agierten. Deren Treiben war nämlich weit mehr als eine postpubertäre Abscheulichkeit: Es war Teil und Ausdruck jener giftigen Abwehrhaltung, mit der Rechtsradikale und Holocaust-Leugner, aber auch die nationalkonservative »Stahlhelmfraktion« in der Union, auf jene Veränderungen im gesellschaftlichen Umgang mit der nationalsozialistischen Vergangenheit reagierten, die unterdessen eine wachsende Mehrheit der Deutschen für richtig und nötig befand.

Das dramatischste Zeichen dafür, dass nach Jahrzehnten des übermächtigen Verdrängens und Beschweigens ein Umdenken im Gange war, lag zu diesem Zeitpunkt schon eine Weile zurück. Die Ausstrahlung des amerikanischen Vierteilers »Holocaust« im Januar 1979 hatte, so der Untertitel eines das Fernsehereignis bilanzierenden Taschenbuchs, eine Nation »betroffen« gemacht. Seitdem war für die von Deutschland ausgegangene Verfolgung und Ermordung der Juden Europas nicht nur ein universell verständlicher Begriff in der Welt. Es wuchsen nun auch die Bereitschaft und das Bedürfnis, darüber und über die anderen Verbrechen des »Dritten Reiches« zu sprechen und zu forschen.

Letzteres zeigte sich besonders eindrücklich im Kontext des Schülerwettbewerbs »Deutsche Geschichte um den Preis des Bundespräsidenten«. Den gab es zwar, initiiert von Gustav Heinemann, schon seit 1973/74. Aber nach »Holocaust« konnte und sollte es nicht länger allein um die hoffnungsvollen Stationen der deutschen Demokratiegeschichte gehen oder um gefällige Themen wie die Alltagsgeschichte von Arbeit, Wohnen und Freizeit. Auf der Tagesordnung stand jetzt die NS-Zeit. Über drei Ausschreibungen hinweg, von 1980 bis 1985, forschten mehr als 22 000 junge Menschen über die Jahre zwischen 1933 und 1945 und über die frühe Nachkriegszeit in ihrer Region. Sie stießen dabei nicht nur auf Wohlwollen. Als Mitglied der Zentraljury im Wettbewerb über die Kriegsjahre las ich seinerzeit in etlichen Arbeiten von Hindernissen, die den recherchierenden Schülerinnen und Schülern in den Weg gelegt wurden. Über den wohl schlimmsten Fall – die feindseligen Reaktionen, denen Anja Rosmus in ihrer niederbayerischen Heimatstadt Passau begegnete – drehte Michael Verhoeven schließlich sogar einen international beachteten Spielfilm: »Das schreckliche Mädchen« (1990).

Die achtziger Jahre waren eine vergangenheitspolitisch zutiefst widersprüchliche Zeit: mit forschungsbegeisterten jungen Leuten, die ihre Großeltern befragten und dabei das Los der in der deutschen Kriegswirtschaft allgegenwärtigen Zwangsarbeiter überhaupt erst ins öffentliche Bewusstsein rückten – und einem Bundespräsidenten Karl Carstens, der als vormaliges NSDAP-Mitglied den ersten Wettbewerb unter seiner Schirmherrschaft am liebsten abgebogen hätte; mit einem Kanzler Kohl, der die Republik im Frühjahr 1985 blamierte, als er US-Präsident Reagan zur militärischen Ehrenbezeugung für die Gefallenen der Wehrmacht auf den Soldatenfriedhof in Bitburg zerrte, auf dem auch Angehörige der Waffen-SS lagen – und einem Bundespräsidenten Richard von Weizsäcker, der kurz darauf für seine Rede zum 40. Jahrestag des Kriegsendes (»Ein Tag der Befreiung«) weltweite Anerkennung erfuhr.

Das letzte Jahrzehnt der Bonner Republik war eine Dekade des Terrorismus von links, aber kaum weniger von rechts: mit der neonazistischen »Wehrsportgruppe Hoffmann«, dem Oktoberfestattentat 1980, wenig später dem antisemitischen Doppelmord von Erlangen und, ebenfalls in Bayern, mit einem ausländerfeindlichen Brandanschlag 1988 in Schwandorf, bei dem vier Menschen starben. Zugleich war es die Zeit aufblühender kritisch-alternativer Geschichtswerkstätten, denen sich eine neue Generation von NS-Apologeten entgegenstellte. Es war die Zeit von rechten Intellektuellen wie Armin Mohler in der Carl Friedrich von Siemens Stiftung, der die Deutschen am »Nasenring« durch eine angebliche Schuldarena geführt wähnte, und von linken Aufklärern wie Ralph Giordano, der ihnen vorhielt, durch ihre so lange verweigerte Auseinandersetzung mit der Vergangenheit eine »zweite Schuld« auf sich geladen zu haben.

Die NS-Debatte in den Jahren, in denen die Aiwanger Brüder sich aufs Abitur vorbereiteten, war ebenso aufgeladen wie ambivalent. Einerseits deutete vieles bereits in Richtung jener »Erinnerungskultur«, die sich die Republik in den vergangenen drei Jahrzehnten zugutegehalten hat und die heute erneut in Frage steht. Andererseits war noch nicht ausgemacht, wie weit die Deutschen auf diesem Weg tatsächlich gehen würden.

Der »Historikerstreit« über die Singularität des nationalsozialistischen Judenmords hatte 1986/87 die intellektuellen Fronten zugunsten derer geklärt, die sich der »Vergangenheit, die nicht vergeht«, wirklich stellen wollten. Doch was akademisch erledigt schien, blieb unter den Rechten ein Gegenstand der Relativierung, der Verharmlosung und Leugnung. Mochten die Zeitgenossen der NS-Zeit jetzt auch weniger werden – ihre Rechtfertigungserzählungen wirkten weiter.

Dass sich die demokratisch geläuterten Deutschen nicht länger ermahnen lassen müssten, war in den Achtzigern das Mantra der »Ehemaligen« und ihrer Fürsprecher. Letztere wuchsen natürlich schon damals nach, gewiss nicht nur in Bayern. Aber von der CSU wurden sie – und werden zum Teil bis heute – besonders umworben. Originalton des Wahlkämpfers Franz Josef Strauß, der vor der Bundestagswahl 1987 im Interview mit der *Süddeutschen Zeitung* gegen »Vergangenheitsbewältiger und Bußprediger« polemisierte: »Sie sollten den Beifallsorkan derer erleben, die nicht dauernd mit dem Dritten Reich belastet werden wollen.«

15. September 2023

Reichsexekution

Hitlers Fiasko an der Feldherrnhalle gingen im Oktober 1923 Chaostage in Thüringen und Sachsen voraus. Der Blick darauf lohnt noch heute

Der 9. November steht uns zwar noch bevor, aber in den Medien scheint die Erinnerung an das Krisenjahr 1923 schon ziemlich durch zu sein. Vielleicht ist dabei Überdruss angesichts des omnipräsenten Krisenbewusstseins der Gegenwart im Spiel. Vielleicht liegt der Grund aber auch in dem Wissen, dass die Weimarer Republik damals noch mit einem blauen Auge davonkam – anders als in ihrer finalen Krise zehn Jahre später. Wie dem auch sei: Faktum ist, dass die Zukunft der ersten deutschen Demokratie vor hundert Jahren auf der Kippe stand und dass es sich lohnt, auch auf die Wochen vor dem gescheiterten Hitler-Putsch in München zu blicken. Die Gründe dafür liegen in Berlin und Moskau, vor allem aber in Sachsen und Thüringen.

In beiden Ländern waren 1923 Sozialdemokraten an der Macht, und in Berlin hatte sich der Parteivorstand der SPD im August entschieden, angesichts der galoppierenden Inflation nicht länger auf die Tolerierung des konservativen Minderheitskabinetts von Reichskanzler Wilhelm Cuno (parteilos) zu setzen, sondern in eine Große Koalition unter Führung von Gustav Stresemann von der Deutschen Volkspartei einzutreten. Für die Radikalen auf der Rechten wie auf der Linken waren das keine guten Aussichten. Denn damit »drohte« eine Stabilisierung der taumelnden Republik.

Während sich in Bayern das völkisch-nationalistische Lager weiter formierte, gab in Moskau Grigori Sinowjew namens der

Kommunistischen Internationale die Weisung aus, die KPD möge auf dem Weg zur Revolution in Deutschland in die bis dato von ihr nur unterstützte, allein von der SPD gebildete sächsische Minderheitsregierung eintreten. Ministerpräsident Erich Zeigner, ein linker Sozialdemokrat, stimmte einer entsprechenden Forderung der sächsischen Kommunisten zu und nahm am 12. Oktober zwei ihrer Mitglieder in sein Kabinett auf. Es firmierte fortan als »Regierung der republikanischen und proletarischen Verteidigung«.

Die Terminologie ließ keinen Zweifel daran, dass sich die Linke im »roten Sachsen« bedroht fühlte. Das traf aber auch auf die Gegenseite zu: Im starken Wirtschaftsbürgertum des Freistaats, wo seit langem Argwohn nicht allein gegenüber den Kommunisten, sondern auch gegenüber der in sich gespaltenen Sozialdemokratie herrschte, wähnte man sich angesichts von Hungerunruhen und demonstrierenden Arbeitslosen vor den Betriebstoren bereits unter »sozialistisch-kommunistischem Terror«. Ausländische Investoren, so der Verband Sächsischer Industrieller, würden abgeschreckt. Deshalb gelte es, »erregte Volksmassen möglichst bald, ehe sie sich ihrer Stärke bewusst werden«, durch bewaffnete Truppen auseinanderzutreiben. Mit anderen Worten: Die Wirtschaft forderte eine Intervention der Reichswehr.

Vor allem graute es dem Bürgertum vor den »Proletarischen Hundertschaften«. Deren Aufstellung hatte Regierungschef Zeigner schon akzeptiert, als es noch um die Tolerierung seines Kabinetts durch die Kommunisten gegangen war. Die prinzipiell unbewaffneten Verbände sollten Arbeiterorganisationen schützen, gegebenenfalls aber auch vor einfallenden rechtsradikalen Wehrverbänden aus Bayern.

Was Erich Zeigner nicht wissen konnte: Dass die Komintern in Moskau schon am 23. August beschlossen hatte, für den

9. November 1923 einen »Deutschen Oktober« vorzubereiten, also die Vollendung der in Berlin fünf Jahre zuvor aus kommunistischer Sicht steckengebliebenen Revolution nach russischem Vorbild. Dafür trieb man in den sächsischen Industriestädten die Bewaffnung des kommunistischen Teils der »Hundertschaften« voran.

Letzteres blieb in Thüringen aus, obgleich die dortige SPD unter August Frölich Mitte Oktober ebenfalls eine Koalition mit der KPD bildete. Reichsregierung und Reichswehr blickten mit tiefem Misstrauen auf die beiden Einheitsfront-Kabinette, die sich immerhin auf parlamentarische Mehrheiten stützten. Auch unter den hauptstädtischen Sozialdemokraten waren viele überzeugt, dass die Kommunisten von Thüringen und Sachsen aus den Kampf um die Macht im Reich eröffnen wollten.

Angesichts der sich praktisch zeitgleich entwickelnden Umsturz- und Diktaturpläne in Bayern – dort freilich von rechts – hatte Reichspräsident Friedrich Ebert (SPD) bereits am 26. September den Ausnahmezustand über das gesamte Reich verhängt. Das hinderte zwar nicht die Fortsetzung der Putschvorbereitungen in München. Wohl aber war damit der Weg frei für den Einmarsch der Reichswehr in Sachsen, die den Freistaat nach Schießereien, die Tote und Verletzte forderten, vom 21. Oktober an unter ihre Kontrolle brachte. Acht Tage später, Zeigner hatte sich einem Ausschluss der Kommunisten aus seinem Kabinett verweigert, begann dann die von Ebert angeordnete Reichsexekution: Gestützt auf Artikel 48 der Weimarer Verfassung verfügte Reichskanzler Stresemann die Absetzung der Regierung in Dresden, die widerstandslos vollzogen wurde.

In Thüringen blieb es bei der angedrohten Reichsexekution. Zwar waren auch dort am 5. November Truppen aufgezogen, aber nachdem Stresemann tags darauf in Berlin gegenüber Ministerpräsident Frölich das Problem bei den kommunistischen Kabinettsmitgliedern ausgemacht hatte, zeichneten sich die nächsten Schritte ab: Angesichts der vor dem Thüringer Landtag aufmarschierten Reichswehr erklärte die SPD die Koalition für beendet. Am 12. November, drei Tage nach dem gescheiterten Hitler-Putsch in München, traten die KPD-Minister zurück – unter dem Vorwurf an die Sozialdemokraten, sie hätten sich zu »Steigbügelhaltern der weißen Generäle« gemacht. Der Moskauer Traum von einem »Deutschen Oktober« war erst einmal ausgeträumt.

In der Geschichte von Weimar fand das scharfe Instrument der Reichsintervention Anwendung immer nur nach links: zuerst 1919 gegen die Münchner Räterepublik, zuletzt 1932 als Schlag des reaktionären Papen-Kabinetts gegen die SPD-geführte Regierung in Preußen. Dennoch ist zweifelhaft, ob sein Einsatz 1923, wie einige Historiker meinen, ein allseits ehrlich gemeintes »linksrepublikanisches Projekt« beendete. Dagegen spricht, dass die Überwindung der parlamentarischen Demokratie das Ziel nicht nur der radikalen Rechten blieb, sondern auch der KPD.

14. Oktober 2023

Die alte und die neue Rechte

Völkische Phantasien

Die Führungsriege der AfD zündelt mit NS-Vokabular. Die meisten ihrer Sympathisanten scheint das nicht zu stören, und für die Rechtsradikalen in der Partei ist das ein Lebenselixier

Frauke Petry möchte das Wörtchen »völkisch« rehabilitieren. Sie findet, man habe ihm in den vergangenen siebzig Jahren unrecht getan. Immer nur werde es in einem »negativen Kontext« benutzt, dabei sei es doch ein »zugehöriges Attribut« zu »Volk«. Ihr Parteivize Alexander Gauland, historisch gewiss gebildeter als die promovierte Chemikerin, sprang Petry dieser Tage mit der Erklärung bei, der Begriff komme aus der deutschen Jugendbewegung zu Anfang des 20. Jahrhunderts, sei also älter als der Nationalsozialismus und »mehr« als der *Völkische Beobachter*.

Gaulands Erläuterungen sind nicht ganz falsch. Halb richtig daran ist, dass im bürgerlichen Wandervogel vor dem Ersten Weltkrieg alle möglichen Ideen ventiliert wurden – zivilisationskritisch-romantische, reformpädagogische und (homo)erotische aber bei weitem heftiger als völkische. Umgekehrt war das spätere Zentralorgan der NSDAP schon völkisch, als es noch unter dem Namen *Münchner Beobachter* firmierte und der Thule-Gesellschaft gehörte, einem geheimen »Orden für deutsche Art«. Dessen Gründer Rudolf von Sebottendorf hielt zu Zeiten der Münchner Räterepublik im »Vier Jahreszeiten« Hof und gab das marode Blättchen 1920 an die Nationalsozialisten weiter.

Worum also geht es wirklich? Wieso operiert nun auch die clevere Parteichefin der AfD mit einer Vokabel, über deren furchtbare Bedeutung im »Dritten Reich« sich jeder im Klaren ist, der im Geschichtsunterricht nicht nur geschlafen hat? Petrys vermeintlich beiläufige Bemerkung und Gaulands scheinbar so bürgerlich-distanzierte Nachbearbeitung (»Ich persönlich benutze den Begriff nicht, aber die Bewunderung für das eigene Volk war etwas sehr Positives.«) dienen ein und demselben Zweck: Die Grenzen des Sagbaren sollen weiter verschoben werden. Noch weiter nach rechts außen, also dorthin, wo eine für die AfD offenbar zunehmend interessanter werdende Klientel wartet, die an historisch kontaminierten Begriffen Gefallen findet.

Gemeint sind damit nicht die geschichtlich zumeist eher unbedarften, bei den diesjährigen Landtagswahlen von der AfD schon weitgehend eingefangenen »Wutbürger« im Westen oder die erkennbar ermatteten Marschierer der in Auflösung begriffenen Pegida im Osten. Gemeint sind die nie ganz verschwundenen, lange jedoch auf ihre publizistischen Nischen beschränkten Anhänger der Neuen Rechten – und die auffallend jungen Leute der noch wenig bekannten »Identitären Bewegung«. Deren Name wirkt so stilisiert wie ihr senfgelb-schwarzer Auftritt im Netz, aber er ist natürlich Camouflage. Jeder Blick in ihre theoriesimulierenden Texte zeigt, wes Geistes Kind sie sind. Die »Identitären« sind die Vorkämpfer einer Völkischen Bewegung 2.0.

Das Original hatte schon Konjunktur – darin immerhin trog die Erinnerung Alexander Gauland nicht –, als die NSDAP noch gar nicht gegründet war. Aber das macht die Sache nicht besser. Die Völkischen der 1890er Jahre, das hat, vor mehr als einem halben Jahrhundert, Fritz Stern in einem berühmten Buch gezeigt (»Kulturpessimismus als politische Gefahr«), erblickten ihre Hauptfeinde im westlichen Materialismus, im Liberalismus und in der Macht der Juden. Vor alledem wollten sie das Deutsche Kaiserreich bewahren.

Auf der Homepage der »Identitären« lesen sich diese völkischen Phantasien heute so: »Wir lehnen den westlich-liberalen Universalismus mit seiner Globalisierung genauso ab, wie andere religiöse oder politische Utopien, die dem Rest der Welt (notfalls mit Gewalt) ihr Lebenskonzept aufzwingen und so aus Profitgier oder falsch verstandener Moral ethnokulturelle Traditionslinien zerstören.«

Wer den Text nur überfliegt und im Weiteren auch noch auf den Begriff des »Ethnopluralismus« stößt, der mag einen Moment lang denken, er habe es mit grün-alternativer Globalisierungskritik zu tun. Tatsächlich verbirgt sich hinter der fortschrittlich und antikolonial anmutenden Terminologie nichts anderes als Apartheid und Rassismus: Die unterschiedlichen »Völker und Stämme« sollen bleiben, wo sie hingehören, nämlich »auf ihrem geschichtlich gewachsenen Gebiet«. Sie dürfen, geht es nach dem Willen der »Identitären«, jedenfalls nicht nach Deutschland.

Aber die »Umvolkung« hat hierzulande ja längst begonnen, twitterte neulich eine Bundestagsabgeordnete der sächsischen CDU. Der Parlamentarische Geschäftsführer der Unionsfraktion fand das zwar prompt »unsäglich«, doch bevor der Tweet verschwand, war das Unsägliche wieder ein bisschen sagbarer geworden.

Seit der ehemalige Geschichtslehrer Björn Höcke die Thüringer AfD anführt, sollen wir uns daran gewöhnen, dass auf öffentlichen Plätzen über »tausend Jahre Deutschland« geraunt wird. Höckes Wort von der »Kanzler-Diktatorin« nahm Alexander Gauland bei einem gemeinsamen Auftritt im Sommer dieses Jahres begeistert auf – und erläuterte Merkels »Politik der menschlichen Überflutung« ganz im Sinne der »Identitären«: Das sei der »Versuch, das deutsche Volk allmählich zu ersetzen durch eine aus allen Teilen dieser Erde herbeigekommene Bevölkerung«.

Deutschland den ethnisch als solche ausgewiesenen Deutschen: Das klingt noch etwas umständlich, ist aber natürlich nichts Neues. Und mittlerweile ist auch klar, dass die emanzipatorisch-freiheitliche Parole vom Herbst 1989 auf ihre antiaufklärerische Nachtseite gedreht werden kann: »Wir sind das Volk« lässt sich durchaus im Sinne der Rechten und Rechtsradikalen verstehen, die mit Biederfrau- oder Biedermannsmiene davor warnen, »völkisch« auf »rassistisch« zu verkürzen.

Genau betrachtet, haben die wortklauberischen Sagbarkeitsaustester von der AfD mit Letzterem sogar recht. Man muss deshalb deutlich machen, worauf, vor wenig mehr als zwei Generationen, die Phantasien und Zwangsvorstellungen der ersten völkischen Bewegung in Deutschland hinausliefen: auf Völkermord.

15. Oktober 2016

Verfassungsfeinde

Die Gegenwart lehrt, wie rasch politische Verhältnisse ins Rutschen geraten können. Etwas mehr Entschlossenheit gegenüber den Gegnern unserer Demokratie täte gut

Das Parteiverbot, so hat uns das Bundesverfassungsgericht kürzlich einmal mehr bedeutet, sei die »schärfste und überdies zweischneidige« Waffe des demokratischen Rechtsstaats – und deshalb mit größter Umsicht zu gebrauchen. Wer wollte dem widersprechen? Schließlich hat die übergroße Mehrheit der Deutschen keine Lust auf einen autoritären Staat. Auch die Versammlungsfreiheit gehört zu den heiligen Werten unserer säkularen Demokratie. Solange es gewaltfrei und unvermummt geschieht, dürfen alle demonstrieren, für oder gegen was sie wollen. Es gibt in diesem Land keine Gedankenpolizei, mögen Populisten und Verschwörungstheoretiker das Gegenteil noch so oft behaupten. Mit Blick auf die wachsende Zahl alt- und neurechter Demokratieverächter stellt sich eher die Frage, ob unsere Justiz – bis hinauf zum Verfassungsgericht – inzwischen nicht etwas zu viel von jener selbstbewussten Gelassenheit an den Tag legt, die unser Gemeinwesen nicht immer ausgezeichnet hat und die schon deshalb im Grundsatz zu begrüßen ist.

Sechzehn Jahre nach Beginn des ersten ist nun auch das zweite NPD-Verbotsverfahren gescheitert. Mehr als das Urteil im Ganzen hat mich die Gewissheit erstaunt, mit der die Karlsruher Richter die selbsternannten »nationalen Demokraten« einstimmig als *quantité négligeable* abtaten: Diese arbeiteten zwar »planvoll und qualifiziert auf die Erreichung ihrer gegen die freiheitliche demokratische Grundordnung gerichteten Ziele hin«, aber es seien ihrer zu wenige, als dass ein Erfolg ihres Handelns »zumindest möglich« erscheine. Das Argument überrascht umso mehr, als das Gericht ausdrücklich festhält, dass die NPD 2014 in Sachsen mit 4,9 Prozent und 2016 in Mecklenburg-Vorpommern mit 3,0 Prozent den Wiedereinzug in die Landesparlamente »knapp« verpasst und bei Kommunalwahlen »vor allem in den neuen Ländern« in den letzten beiden Jahren nicht weniger als 367 Mandate errungen habe.

Nun bin ich kein Jurist, aber als Historiker weiß ich, wie wirkungsvoll das erste Parteiverbot in der Geschichte der Bundesrepublik gewesen ist: Als die Sozialistische Reichspartei, die zwar auf das »National-« vor ihrem Namen verzichtet hatte, ansonsten aber alle Insignien einer Nachfolgeorganisation der NSDAP aufwies, 1952 verboten wurde, half das der politischen Kultur der jungen Demokratie ungemein. Dank dieser normativen Abgrenzung nach rechts war schlagartig klar, dass, wer fortan im Bund oder in den Ländern politisch mitgestalten wollte, von Positionen und Parolen der Nazis besser Abstand hielt.

Ganz anders die Lage beim Verbot der KPD vier Jahre später: Der in CDU-Kreisen als »rot« geltende Erste Senat hatte die Entscheidung lange vor sich hergeschoben – so lange, bis ihn das Adenauer-Kabinett zugunsten des Zweiten Senats um seine Zuständigkeit zu bringen drohte. Als die genötigten Verfassungsrichter am 17. August 1956 ihr Urteil schließlich verkündeten, wusste sich deren indignierter Präsident Josef Wintrich, ein bayerischer Katholik, zu distanzieren: Die Verantwortung für das Verbot trage allein die Bundesregierung, denn dem Gericht seien »politische Zweckmäßigkeitserwägungen« versagt. Tatsächlich hatte Bonn ein ziemlich überflüssiges Signal erwirkt: Der Kalte Krieg ging zwar heftig weiter, aber aus der Wirklichkeit der boomenden jungen Bundesrepublik war der Parteikommunismus schon vor dem Verbot so gut wie verschwunden. Dies nicht zuletzt, weil Staatsschutz und Justiz in den Jahren davor einen maßlosen Feldzug gegen Mitglieder und Sympathisanten der KPD geführt hatten.

Die Zeiten einer blindwütigen Justiz sind glücklicherweise vorbei. Aber das sollte nicht die notwendige Entschlossenheit verhindern gegenüber den Feinden unserer Verfassungs- und Gesellschaftsordnung und ihrem menschenverachtenden Treiben. Konsequenz ist nicht nur gegenüber Islamisten geboten. Denn auch die radikale Rechte ist dabei, unerträgliche »Dominanzzonen« aufzubauen. Bezogen allein auf die NPD mochten die Karlsruher Richter diesem Argument der Kläger nicht folgen. Doch weitet man den Blick ein wenig, dann sieht man sehr wohl, was die Kläger in Karlsruhe vortrugen: Mit einer Mixtur aus Einschüchterung und »nationalrevolutionärer Graswurzelarbeit« nehmen die Völkischen Einfluss auf den Alltag der Menschen: als volksgemeinschaftliche Kümmerer wie als Verbreiter einer »Atmosphäre der Angst«.

Wer diese Schilderungen bezweifelt, der muss nicht weit in den notorischen Nordosten reisen, der kann sich auf Thüringer Dörfern umsehen. Aber der sollte dann auch nach Jena fahren, in eine Stadt, deren Bürger sich seit vielen Jahren entschlossen gegen rechte Aufmarschierer wehren – und deren Rathausspitze immer wieder mit verwaltungsgerichtlichen Auslegungen eines Versammlungsrechts konfrontiert wird, die es den Braunen zum Beispiel gestatten, am 20. April (Hitlers Geburtstag) einen Fackelzug auf der B 88 (im Symbolhaushalt der Rechten: »Heil Hitler«) zu veranstalten. Die fünfzehnfache Übermacht, die sich den 200 Rechten im letzten Jahr entgegenstellte, war ein paar Monate später erneut gefordert: Als das

Oberverwaltungsgericht Gera den Antrag der Stadt ablehnte, einen Nazi-Aufmarsch am 9. November zu untersagen.

Warum eigentlich, so fragte mich kürzlich ein kluger Kommunalbeamter zum Stichwort Volksverhetzung, nimmt keine Polizeistreife die unglaublichen Tätowierungen in Augenschein, denen man im Sommer in manchen Thüringer Freibädern ausgesetzt ist? Und weil ich kein Jurist bin, füge ich die aus Juristensicht vermutlich naive Frage hinzu: Weshalb ist es bis heute nicht ein einziges Mal gelungen, einem völkischen Hetzer vor dem Bundesverfassungsgericht mit Artikel 18 Grundgesetz Einhalt zu gebieten? Denn danach verwirkt sein Grundrecht auf freie Meinungsäußerung, Versammlungs- und Vereinigungsfreiheit, wer diese »zum Kampfe gegen die freiheitliche demokratische Grundordnung missbraucht«. Ein solches Zeichen der Entschlossenheit täte gut.

4. Februar 2017

Mit Rechten reden?

Die Auseinandersetzung mit neuen und alten Rechten zu führen, ohne sie dadurch weiter aufzupumpen: Weder gibt es dafür einfache Rezepte, noch sollte man damit spaßen

Reden ist gut, hilft aber nicht immer. In größerer Dimension haben wir das zuletzt Mitte November gesehen, als nach vierwöchigem Reden ein deutsches Jamaika dann doch nicht zustande kam. Art und Dauer dieser »Sondierungen«, regelmäßiges Luftschnappen auf dem Balkon des ehemaligen Reichstagspräsidentenpalais inklusive, waren durchaus ungewöhnlich, obgleich die Tendenz zu immer wortreicheren »Koalitionsverträgen« schon seit geraumer Zeit selbst bei Regierungsbildungen in den Ländern zu beobachten ist; das 2014 verabschiedete Papier für Rot-Rot-Grün in Thüringen zum Beispiel umfasst 106 Seiten, das jüngst von SPD und CDU in Niedersachsen unterzeichnete kommt auf 3558 Zeilen. So weit, so übergenau, könnte man sagen – und ansonsten dankbar dafür sein, dass Politik in Deutschland ein solches Maß an Rationalität und Planbarkeit für sich in Anspruch nimmt.

Eher hilflos wirkt unsere politische Klasse allerdings, wenn es darum geht, nicht in der eigenen Blase, sondern mit Rechten zu reden. Auch das mag man für ein im Grunde sympathisches Zeichen halten: Große Routine in dieser Disziplin war jahrzehntelang kaum erforderlich, schon gar nicht im Bund, wo die Adenauer-CDU die letzten als glashart rechts zu bezeichnenden Kleinparteien BHE und DP nach der dritten Legislaturperiode 1961 schließlich niederkoaliert hatte. Diese Zeiten sind vorbei, und inzwischen wartet das Land mit einiger Spannung darauf, wie die Auseinandersetzung mit den neuen

Rechten im Bundestag geführt werden wird, wenn der Parlamentsbetrieb und die Arbeit in den Ausschüssen erst einmal richtig angelaufen sind. Wie wird das dann gehen: »Mit Rechten reden«?

Just unter diesem Titel haben drei erklärtermaßen »nichtrechte« Intellektuelle vor ein paar Wochen einen ironisch-schicken »Leitfaden« herausgebracht. Im Ton und von der Aufmachung her nicht gerade als MdB-Lektüre angelegt, ist die schmale Schrift inzwischen zu einem Bestseller im jungakademisch-außerparlamentarischen Raum avanciert. Ihr Rat: Weder laut und aggressiv werden wie die Antifa noch moralisieren wie die gutgrünbürgerliche Linke. Stattdessen gelte es, das »Sprachspiel« der Rechten auseinanderzunehmen – geduldig, locker und mit jenem Humor, den sich das auf Selbststilisierung bedachte Autorentrio (»Leo/Steinbeis/Zorn«) zugutehält. Die Hoffnung, die Rechten vermittels des besseren Arguments zu überzeugen, solle man erst gar nicht hegen. Denn die Rechten seien klug, jedenfalls nicht dümmer als die Linken, und mit ihnen zu reden sei per se interessant.

Was an dem Buch irritiert, sind weniger solche Sticheleien gegenüber der erwarteten linken Leserschaft, nicht einmal die in scheinbar selbstvergessener Ernst-Jünger-Manier imaginierten Weisheiten eines »ehemals rechten Informanten«; es ist die geradezu vorbehaltlose Bereitschaft des Trios, der radikalen Rechten intellektuelle Ebenbürtigkeit zuzuerkennen. Mag sein, dass ich da etwas missverstehe, aber mich befremdet die Empfehlung, von Gleich zu Gleich mit Menschen zu sprechen, die sich, und sei es unter der Tarnvokabel des »Ethnopluralismus«, aus freien Stücken zu Ungleichheit und Rassismus bekennen.

Den konkreten Versuch, mit einem Rechten zu reden, hat vor ein paar Jahren der Münchner Soziologe Armin Nassehi unternommen. Mehr als drei Monate lang korrespondierte er mit Götz Kubitschek, einem medial mittlerweile ziemlich erfolgreichen, viril und erdverbunden auftretenden Guru der Szene, dessen Rittergut im Sachsen-Anhaltinischen als Publikations- und Schulungszentrum der Neuen Rechten fungiert. Erpicht darauf zu beweisen, dass es »salonfähige« Rechtsintellektuelle in Deutschland gebe, hatte der Verleger dem »sehr geehrten Herrn Professor« im März 2014 – also noch vor der Flüchtlingskrise – einen Gedankenaustausch per Mail angetragen. »Konservative wie wir«, erklärte Kubitschek bei dieser Gelegenheit, »gehen nicht davon aus, dass sie in allem recht hätten«, wohl aber davon, »dass die Wirklichkeit auf ihrer Seite steht«. Dies schon deshalb, weil seinesgleichen sich anders verhielten als jenes universalistisch gestimmte Kulturbürgertum, über das der Soziologe zuvor in einem Interview bemerkt hatte, es rede links und lebe rechts. Für Leute seiner Denkungsart, so Kubitschek, gelte hingegen: »Rechts reden und rechts leben«.

Der publizierte Briefwechsel ist lesenswert, aber wer sich ein wenig auskennt in der Genealogie der bundesrepublikanischen Rechten, dem kann nicht entgehen, dass Kubitscheks rhetorische Muster so neu nicht sind. Vieles davon erinnert an Armin Mohler, den 2003 gestorbenen langjährigen Leiter der Münchner Carl Friedrich von Siemens Stiftung, der für Hitlers intellektuelle Steigbügelhalter den hübschen Euphemismus der »konservativen Revolution« erfunden hat. Wo Mohler zum Beispiel die den besiegten Deutschen seit 1945 widerfahrene »Umerziehung« geißelte (so in »Der Nasenring. Im Dickicht der Vergangenheitsbewältigung«), wendet sich sein heutiger Adept gegen die Folgen einer »extrem negativen und zum Teil von außen hereingetragenen Geschichtspolitik«. Im Zentrum von Kubitscheks Charakterisierung der Lage des angeblich um seine »Eigenart« ringenden Deutschlands steht freilich ein Thema, das später dann auch die AfD in den Bundestag brachte: die »Überfremdung« des »sehr besonderen« Volks der Deutschen.

Für den geduldigen Nassehi – nach eigener Aussage »selbst ein Abkömmling von Migration« – war mit der Frage der Zuwanderung denn auch der Punkt erreicht, der die Grenze der Verständigungsmöglichkeit markierte: als Kubitschek, in den Worten des Soziologen, »das Nationale/Ethnische« für »unhintergehbar« erklärte.

Für wie aufschlussreich man Nassehis Briefwechsel hält, für wie lustig (oder frivol) den »Leitfaden« von Leo/Steinbeis/Zorn, mag eine Temperamentsfrage sein. Klar aber ist: Beides nimmt nur die gesprächsfähigen Anführer der Rechten in den Blick, nicht jenes geschätzte Fünftel unserer Gesellschaft, von dem es heißt, es sei für rechtes Gedankengut prinzipiell mobilisierbar. Mit dessen antidemokratischen Ressentiments – sie liegen nur knapp unter der Oberfläche – sollte man nicht spaßen.

9. Dezember 2017

Hitlerliebe

Weil der »Führer« es nicht wollte, hat der Judenmord nie stattgefunden, sagt eine fast Neunzigjährige. Das aber ist keine Meinung, sondern strafbare Holocaust-Leugnung

Ursula war 16 Jahre alt, als Hitler Selbstmord beging. Sie muss ihren »Führer« sehr geliebt haben, wie viele der von klein auf indoktrinierten Kinder des »Dritten Reiches«. Zum Glück setzte bei den meisten aus dieser Generation, die als »Flakhelfer« oder »Blitzmädel« eben noch geglaubt hatten, ihr Leben opfern zu müssen für »Führer, Volk und Vaterland«, schon im Frühjahr 1945 ein Umdenken ein. Die nach Freiheit und Lässigkeit duftenden Angebote vor allem der Amerikaner erleichterten das: Kaugummi und Swing, Lucky Strikes und Demokratie – wo Reeducation derart attraktiv daherkam, fiel es gerade den jungen Deutschen in der Regel nicht schwer, sich aus dem braunen Bann zu lösen.

Ursula Wetzel allerdings hielt weiter zum »Führer«. Dass sie als Ostvertriebene nach dem Krieg zunächst für vier Jahre in Schweden lebte, mag diese Treue begünstigt haben. Sie studierte Pädagogik, Sprachwissenschaft und ein wenig Philosophie, ging dafür eine Weile nach Schottland. Ihre Trauer um das verlorene »Tausendjährige Reich« scheint über all den neuen Erfahrungen nicht vergangen zu sein. Enttäuscht, verstockt, womöglich auch immer noch voll des Zorns über Hitlers feige Unterführer, die Deutschlands nationalsozialistische Zukunft verspielt hatten: Man darf sich das einstige Mitglied im Bund Deutscher Mädel in den fünfziger Jahren als politisch unglückliche junge Frau vorstellen.

Dann aber taten sich neue Perspektiven auf. Fräulein Wetzel lernte Werner Georg Haverbeck kennen. Der hatte sich schon 1923, noch als Schüler im heimatlichen Bonn, dem Jugendbund der NSDAP angeschlossen, einem Vorläufer der Hitlerjugend – und bereits eine bewegte Karriere hinter sich: als Himmler-Stipendiat, SS-Untersturmführer, Diplomat im Auswärtigen Dienst und später als geweihter Priester der anthroposophischen Christengemeinschaft. Anfang der sechziger Jahre gründete das ominöse Paar im ostwestfälischen Vlotho ein »Collegium Humanum«. Die »Heimvolkshochschule für Umwelt und Lebensschutz« wurde für viereinhalb Jahrzehnte viel besuchter Tagungsort von alten Braunen und jungen Grünen, von Neuheiden, Funktionären der NPD und Esoterikern jedweder Couleur. Bei den Haverbecks tauchten friedensbewegte Linke ebenso auf wie Atomkraftgegner, völkische Nationalisten und neurechte Querfrontschwärmer; Joseph Beuys saß mit den beiden mehr als einmal zusammen, und 1977, als es um die Gründung einer Öko-Partei ging, sogar Rudi Dutschke.

Nicht, dass NS-Apologie, Rassismus und Antisemitismus in Vlotho nicht schon vom ersten Tag an präsent gewesen wären, aber seit den achtziger Jahren entwickelte sich das vermeintliche Kolleg der Menschlichkeit zum Mekka der Holocaust-Leugner. Vor diesem Hintergrund bin ich Ursula Haverbeck, die das Zentrum auch nach dem Tod ihres Mannes 1999 weiterbetrieb, vor gut drei Jahren indirekt begegnet. Ein Redakteur des ARD-Magazins Panorama hatte mir berichtet, die alte Dame ergötze sich an einer Edition, die ich im Jahr 2000 gemeinsam mit vier Kollegen herausgegeben hatte: an den »Standort- und Kommandanturbefehlen des Konzentrationslagers Auschwitz 1940-1945«.

Dazu muss man wissen, dass es sich bei dem Buch um eine Sammlung ursprünglich hektographierter Anweisungen handelt, die den täglichen Dienstbetrieb in Auschwitz regelten und einen relativ großen Verteiler hatten. Es sind also gerade keine hochgeheimen Anordnungen für den Judenmord. Doch angesichts des Wenigen, was aus dem Lagerkomplex überhaupt an Schriftgut erhalten blieb, sind die Dokumente von besonderem Wert – auch, weil sie sehr wohl Hinweise auf den Einsatz von Zyklon B enthalten und mahnende Worte an die SS-Leute zur Vorsicht im Umgang mit dem Gift.

Die Rechtsradikalen hatten unseren Band erst mit gehöriger Verspätung entdeckt, aber im Frühjahr 2015 feierte ihn Ursula Haverbeck vor laufender Kamera als »letzten Beweis, dass Auschwitz kein Vernichtungslager, sondern ein Arbeitslager war«. Auschwitz war beides, und die Zahl der Menschen, die im sogenannten Stammlager (Auschwitz I), in Birkenau (Auschwitz II) und in Monowitz (Auschwitz III) insgesamt zu Tode gebracht wurden, beläuft sich auf etwa 1,1 Millionen.

Das alles kann heute jeder wissen, der es wissen will, und nicht zuletzt deshalb lassen einen die Aufnahmen von einer NPD-Versammlung, die Panorama im sachsen-anhaltinischen Naumburg machte, auch nach wiederholter Betrachtung beinahe sprachlos zurück: Zeigen sie doch die ganze Unverfrorenheit, mit der sich die damals 86-jährige Ursula Haverbeck in der kerzengraden Haltung des nachglühenden BDM-Backfischs einer entgeisterten Gruppe uniformierter und ziviler Polizisten entgegenstellt. Ähnlich unbeeindruckt von drohenden Strafanzeigen hatte sich Haverbeck schon 2003 auf der Wartburg ablichten lassen, im Kreis ihrer rechtsradikalen Freunde hinter einem Transparent mit der Parole: »Den Holocaust gab es nicht.«

Als Innenminister Wolfgang Schäuble das Collegium Humanum im Mai 2008 endlich verbot, war Haverbeck im Olymp der Holocaust-Leugner angekommen. Prompt entstand eine höchst professionell gemachte Homepage, auf der seitdem die »Nazi-Oma« (*Bild*) – mit offenkundiger Unterstützung auch aus dem Ausland – ihre Weltsicht präsentiert, gegen Flüchtlinge hetzt, Andersdenkenden droht und Lob an die AfD verteilt. Ihr Video zum »größten Problem unserer Zeit« ist derzeit zwar von Deutschland aus nicht abrufbar, die Botschaft aber findet sich weiter im Netz: Der Holocaust sei »die größte und nachhaltigste Lüge in der Geschichte«.

Für Äußerungen dieses und ähnlichen Kalibers befindet sich Ursula Haverbeck seit Mai dieses Jahres in Bielefeld in Haft. Vorausgegangen waren wiederholte Verurteilungen wegen Volksverhetzung und Verunglimpfung des Andenkens Verstorbener. Sie selbst und ihre Sympathisanten behaupten, der Paragraf 130 des Strafgesetzbuches, auf dem die Urteile gründen, sei ein »Gesetz zum Schutz einer Lüge« und die fast Neunzigjährige sitze »wegen einer Meinungsäußerung im Gefängnis«.

Doch den Holocaust zu leugnen ist keine Meinung. Es ist ein Unrecht, auf das in Deutschland Strafe steht.

21. Juli 2018

Rechte Lehrer

Wie viel antidemokratisches Denken durch deutsche Klassenzimmer wabert, ist schwer zu sagen. Auch deshalb, weil niemand konsequent danach fragt

Unlängst habe ich an dieser Stelle meinen Geschichtslehrer gepriesen, der mir vor einem halben Jahrhundert einen kritischen Zugang zu unserer Vergangenheit eröffnet hat, die damals noch häufig verschwiemelt die »jüngste« hieß. Ich bin auf diese Erinnerung seitdem öfters angesprochen worden: nicht nur, weil leider viele aus meiner Generation ganz andere Erfahrungen gemacht haben, sondern auch – und das ist die schlimmere Nachricht –, weil das Problem apologetischer Lehrer und Lehrerinnen offensichtlich nicht ausgestorben ist.

Gewiss, an den meisten Schulen gibt man sich viel Mühe mit der historisch-politischen Bildung; trotz knapper Stundenzahlen in den Lehrplänen werden Projekttage organisiert, Schülerinnen und Schüler zur Teilnahme an Geschichtswettbewerben animiert und Facharbeiten angeregt, die es mit Seminarleistungen von Erstsemestern aufnehmen können. Fragt man bei Expertinnen jedoch etwas genauer nach, bekommt die freundliche Fassade einer demokratiepolitisch rundum engagierten Lehrerschaft irritierende Flecken. Denn nicht nur haben offenbar etliche Pädagogen vor allem der mittleren Generation Mühe oder Scheu davor, der Rhetorik rechtsradikaler Jugendlicher substanziell entgegenzutreten. Seit einigen Jahren scheinen auch diejenigen mehr zu werden, die vor ihrer Klasse Sympathie für antidemokratisches Gedankengut zu erkennen geben: im Namen eines eigenbrötlerischen Individualismus, als pandemiegestählte »Querdenker« oder gar als »Reichsbürger«, die zum Zeichen ihrer Staatverachtung keinen Personalausweis bei sich tragen. Manches spricht dafür, dass solche Figuren ihren Platz vorzugsweise nicht in staatlichen oder städtischen, sondern in den weniger regulierten Schulen in freier Trägerschaft suchen; aber das sind Eindrücke, keine Gewissheiten.

Klar zutage liegt derzeit nur ein scheinbarer Einzelfall: der des zur Wahrnehmung seines Thüringer AfD-Landtagsmandats beurlaubten hessischen Oberstudienrats Björn Höcke. Gegen dessen zwar einstweilen unwahrscheinliche, aber jederzeit mögliche Rückkehr in den Gymnasialdienst sind nach wie vor keine Vorkehrungen getroffen. Das Signal, das davon ausgeht, lässt einen unruhig werden. Denn wer kann sich vorstellen, dass der völkische Geschichtsverdreher zwar überall im Land Anhänger findet, nur garantiert nicht an Schulen?

Zwei Jahre ist es her, dass ein grüner Lokalpolitiker aus Schleswig-Holstein eine Petition verfasste, um Hessens Kultusminister zu bewegen, Höckes Entlassung aus dem Beamtenverhältnis endlich voranzutreiben. Mehr als 170 000 Unterschriften sind es inzwischen. Passiert ist seitdem – nichts. Womöglich nimmt man in Wiesbaden an, die AfD werde auch noch im Jahr 2040 im Thüringischen Landtag sitzen. So lange nämlich ist es bis zur Pensionierung des rechten Hasspredigers noch hin.

Nach dem Mord an Walter Lübke und den Anschlägen von Halle und Hanau sah es im vergangenen Frühjahr so aus, als brächte die schwarz-rote Koalition auf ihren letzten Metern noch ein gut gemeintes, wenn auch nicht gut geschnürtes Paket zur Bekämpfung von Rechtsextremismus und Rassismus zustande, das dank Giffey'schem Sprachverhunzungstalent »Wehrhafte-Demokratie-Fördergesetz« heißen sollte. In ihren Eckpunkten sprach die damalige Familien- und Jugendministerin, zunächst sogar mit Unterstützung von Innenminister Seehofer, nicht nur von »Extremismusprävention«, »Deradikalisierungsprojekten« und »Vielfaltgestaltung«, sondern auch von der Möglichkeit, die Sicherheitsprüfung im öffentlichen Dienst auf »besondere Bereiche« auszuweiten. Von Lehrerinnen und Lehrern war in diesem Zusammenhang allerdings keine Rede.

Im Koalitionsvertrag der Ampel, der das schließlich doch an der Union gescheiterte Vorhaben als »Demokratiefördergesetz« für 2023 erneut ankündigt, findet sich nun immerhin an anderer Stelle ein Wink: Um der »Integrität« des Staatsdienstes willen werde man dafür sorgen, dass Verfassungsfeinde »schneller als bisher« entfernt werden können. Unausgesprochen, aber unstrittig ist, dass es dabei nicht um eine Neuauflage des sogenannten Radikalenerlasses gehen kann, dessen 50. Jahrestag jüngst Anlass vernichtender Rückblicke war. Denn die geschätzt 3,5 Millionen Regelanfragen bei den Verfassungsschutzämtern, die zwischen 1972 und Mitte der Achtziger (in Bayern sogar bis 1991) eingeholt wurden, haben damals zwar die kritische Jugend in ihrem Misstrauen gegen die westdeutsche Demokratie bestärkt und qua »Berufsverbot« (oder dessen Antizipation) einige Tausend Lebenswege nachhaltig verändert, ansonsten aber nur den Agitatoren der DDR-finanzierten Deutschen Kommunistischen Partei geholfen. Denn ob real oder erfunden: Die Geschichte des jungen DKPlers, der nicht Lokführer werden durfte, war einfach schlagend.

Dramatisch geringer als gegen links war seinerzeit – im vielbeschworenen »roten Jahrzehnt«, das tatsächlich auch eines des sich entfaltenden braunen Terrors war – die Wirkung des Anti-Extremisten-Beschlusses gegen rechts. In den Jahren vor 1969, als die NPD den Einzug in den Bundestag nur knapp verfehlte, waren Hunderte ihrer Mitglieder in den Staatsdienst aufgenommen worden. Dass es gegen diese Seite gleichwohl kaum Entlassungen gab, war Teil der Erbschaft des »Dritten Reiches« und Indiz für den noch immer hohen Anteil vormaliger NS-Parteigenossen in Justiz und Ministerialbürokratie. Mit dem rechten Auge weiterhin stur nach links zu schielen, war den »Ehemaligen« selbst unter der Kanzlerschaft von Willy Brandt kein Problem.

Klar, die Weltlage setzt gegenwärtig andere Prioritäten. Aber das Prinzip der wehrhaften Demokratie lebt davon, dass es ungeteilt gilt. Es wäre deshalb gut, die rot-grün-gelbe Koalition würde trotz aller äußeren Herausforderungen die Mühen der rechtsstaatlichen Ebene im Umgang mit den inneren Feinden unserer Verfassungs- und Gesellschaftsordnung auf sich nehmen. Die lange vermisste Entschlossenheit gegenüber rechten Gefährdern – ob beim Militär, unter Richtern oder eben in Schulen – darf nicht erneut hintangestellt werden. Nach der »Zeitenwende«-Rede vom vergangenen Sonntag sollte auch in dieser Sache ein Paradigmenwechsel möglich sein.

4. März 2022

AfD-Talente

Für Europas Studierende gibt es das wunderbare Erasmus-Programm. Unter diesem Namen wollen die Rechten nun Stipendien vergeben, für die sich Deutschland schämen müsste

In zwei, drei Jahren könnte es so weit sein. Vorausgesetzt, die engagierte Doktorandin hat ein bisschen vorgearbeitet, dann erscheint womöglich schon zur nächsten Bundestagswahl ihre mit Steuergeldern geförderte Dissertation unter dem hübschen Titel: »Niemals in den gleichen Fluss. Das Geschichtsdenken bei Björn Höcke«. Und vielleicht ist auch die Arbeit des jungen Politologen bereits fertig: »Die Adäquanz der Ethnopluralismus-Theorie im Zeitalter der globalen Migrationskrise«. Oder die empirische Studie des angehenden Wirtschaftswissenschaftlers über den drohenden Kollaps des deutschen Sozialsystems aufgrund »kulturfremder Zuwanderung«. – Nein, das ist alles leider weder Satire noch Schwarzmalerei. Es ist bis auf Weiteres eine reale Möglichkeit, weil sich Parlament und Regierung über Jahre nicht gekümmert haben und Ende Oktober in Karlsruhe das Organstreitverfahren eröffnet wird, mit dem die AfD ihre Forderung nach Förderung der Desiderius-Erasmus-Stiftung durchsetzen will.

Seit Jahren verlangt die extreme Rechte im Bundestag, genauso generös behandelt zu werden wie CDU/CSU, SPD, FDP, Grüne und Linke. Sie alle nämlich erhalten aus dem Staatshaushalt üppige Mittel für die Arbeit ihrer sogenannten parteinahen Stiftungen. Insgesamt beliefen sich die nach einem informellen Schlüssel verteilten Zuwendungen zuletzt auf etwa 660 Millionen Euro jährlich. Zum Vergleich: Die davon ganz unabhängige, gesetzlich klar geregelte Parteienfinanzierung durch Bund und Länder beträgt 2022 rund 205 Millionen Euro, wovon ein paar Millionen auch an die im Bund und in den Ländern angetretenen, aber nicht in die Parlamente gelangten Kleinparteien gehen.

Angetrieben von der Stiftungsvorsitzenden Erika Steinbach, die rechts außen einen »riesigen Schulungsbedarf« sieht, klagt die AfD nun auf Alimentierung ihrer laut Selbstauskunft als gemeinnützig anerkannten Desiderius-Erasmus-Stiftung e. V. Im Erfolgsfall könnte das jährlich bis zu 70 Millionen Euro bringen. Finanziert werden soll aus den erhofften Steuermitteln, so heißt es auf der augenscheinlich absichtsvoll dürren Homepage der Stiftung, »demokratische und staatsbürgerliche Bildungsarbeit«.

So weit, so unverfänglich, könnte man meinen, zumal sich das meiste bislang im Bereich von Ankündigungen bewegt. Ein wenig klarer wird die Stoßrichtung, wo von einer im Aufbau begriffenen »Politischen Akademie« die Rede ist. Dieser Teil der Stiftung soll sich den »historischen und geopolitischen Konstanten deutscher Politik« sowie den »zeitlos gültigen Fragen der Ethik, der Kultur und unserer nationalen und europäischen Identität« widmen. Was damit gemeint ist, erläutert in Vorträgen auf Youtube neben Erika Steinbach vor allem Karlheinz Weißmann, der Kuratoriumsvorsitzende der Stiftung; als vormaliger Gymnasiallehrer für Geschichte lechzt der neurechte Ideologe offenkundig schon danach, »begabte junge Menschen« für das künftige Stipendienprogramm der Stiftung auszuwählen.

Nicht zuletzt diesem Ziel dient der Gang der AfD nach Karlsruhe: Wenn es der Partei gelingt, ihre Stiftung an die Finanztöpfe des Bundes zu bringen, wird sich ihr auch der Begabtenförderungsetat des Bildungsministeriums öffnen. Dann könnte die Desiderius-Erasmus-Stiftung in großem

Stil akademische Kader heranziehen. Das wäre die – natürlich unbeabsichtigte – Konsequenz einer in der Bundesrepublik über Jahrzehnte gewachsenen Form der Studierenden- und Promovierendenförderung, die zu einem beträchtlichen Teil durch das Nadelöhr der Parteistiftungen geht. Hinzu kommen die gewerkschaftsnahe Hans-Böckler-Stiftung, die Stiftung der Deutschen Wirtschaft und inzwischen vier konfessionell geprägte Einrichtungen: das katholische Cusanuswerk, das Evangelische Studienwerk Villigst, das jüdische Ernst-Ludwig-Ehrlich-Studienwerk und das muslimische Avicenna-Studienwerk.

Weltanschaulich ungebunden ist in diesem ausnahmslos staatlich finanzierten und ob seiner Vielfalt gerne gepriesenen Förderkosmos lediglich die im »Dritten Reich« aufgelöste und 1948 wiedergegründete Studienstiftung des deutschen Volkes, die allerdings mit 14 000 Stipendiatinnen und Stipendiaten das mit weitem Abstand umfangreichste Programm unterhält. Die Konrad-Adenauer- und die Friedrich-Ebert-Stiftung als die beiden nächstgrößten verzeichnen durchschnittlich etwa 3500 beziehungsweise 3000 Geförderte. Sollten den Rechten künftig Stipendienmittel etwa in dem Umfang zur Verfügung gestellt werden müssen, wie ihn derzeit die Rosa-Luxemburg-Stiftung bewirtschaftet, dann würde das bedeuten, dass schon bald regelmäßig mehr als 1000 junge Menschen gefördert werden, die sich den »Werten« der AfD verpflichtet fühlen.

Das Ganze erscheint demokratiepolitisch noch betrüblicher, wenn man weiß, mit welcher Intensität sich die insgesamt 13 bundesfinanzierten Begabteneinrichtungen um ihre Schützlinge kümmern. Denn keineswegs geht es allein um deren Unterhalt. Die fürsorgliche Belagerung erstreckt sich darüber hinaus auf eine Vielzahl mehr oder weniger freibleibender Seminar- und Qualifizierungsangebote bis hin zu gewiss gutgemeinten, im Grunde aber übergriffigen Kontrollaktivitäten, zum Teil hinter dem Rücken der tatsächlich Verantwortlichen, sprich: der Doktormütter und -väter der Geförderten. Man mag sich nicht ausmalen, wie es wäre, wenn solche Gestaltungs- und Einwirkungsansprüche nicht aus dem breiten pluralistisch-demokratischen Spektrum kämen, sondern aus einer Stiftung, die erklärtermaßen die Interessen der Höcke-Partei vertritt.

Hört man sich in der Fördererszene ein bisschen um, so wird rasch klar, dass mit künftiger Konkurrenz von rechts außen bereits gerechnet wird; die Hoffnung, dass sich eine solche Entwicklung durch die im vergangenen März gerichtlich bestätigte Einstufung der AfD als rechtsextremer Verdachtsfall noch abwenden lassen könnte, ist nicht sehr groß. Am Ende könnte es auf einen lediglich kosmetischen Erfolg in der Niederlage hinauslaufen: Sofern es der EU-Kommission gelingt, ihr beliebtes Erasmus-Austauschprogramm markenrechtlich wirksam schützen zu lassen.

14. Oktober 2022

Verzagte Demokraten

Historisch-politische Bildungsarbeit gehört zu einer funktionierenden demokratischen Infrastruktur. In Zeiten wie diesen daran zu sparen wäre fatal

Es lag eine seltsame Stimmung über dem Festakt vergangene Woche im Spiegelsaal von Herrenchiemsee. Das Wetter passte, aber zum Feiern schien niemandem zumute zu sein. Die weiß-blaue Idylle wirkte plötzlich wie ein Trugbild, und peinlich schief ging Markus Söders Versuch, das bayerische Nein zum Grundgesetz zu ironisieren, für dessen Vorberatung der Freistaat im Nachkriegssommer 1948 auf der Märcheninsel Ludwigs II. die Rolle des großzügigen Gastgebers übernommen hatte.

Von der Ansprache des Bundespräsidenten meinten hinterher nicht wenige, sie sei eine »Brandrede« gewesen. Tatsächlich hatte Frank-Walter Steinmeier, nicht anders als vor ihm schon Landtagspräsidentin Ilse Aigner, Position bezogen: »Kein mündiger Wähler kann sich auf mildernde Umstände herausreden, wenn er sehenden Auges politische Kräfte stärkt, die zur Verrohung unserer Gesellschaft und zur Aushöhlung der freiheitlichen Demokratie beitragen.« Schärfer kann ein Staatsoberhaupt kaum formulieren.

Die demokratische politische Klasse dieses Landes, das war während der Geschichtsstunde auf Herrenchiemsee mit Händen zu greifen, ist – endlich, so möchte man sagen – alarmiert über den demoskopisch ermittelten Vormarsch der AfD, der sich bei den Landtagswahlen im kommenden Herbst ausmünzen könnte. Es wirkte wie ein Symptom dieser lange ignorierten Lage, als die meisten der Geladenen (Abgeordnete, kommunale Mandatsträgerinnen, hohe Staatsbedienstete) zum Abschluss der Veranstaltung nur zögerlich in die Nationalhymne einstimmten. Doch wenn die Geschichte der Demokratie in Deutschland eine Lehre für die Gegenwart bereithält, und auch daran erinnerte der Bundespräsident, dann, dass jetzt keine Zeit für Verzagtheit und Defaitismus ist.

Steinmeiers erster Amtsvorgänger Theodor Heuss hätte dem, aus bitterer Erfahrung, wohl beigepflichtet. Im Dezember 1931 hatte der liberale Journalist und Reichstagsabgeordnete der Deutschen Staatspartei ein schnelles Buch über den Aufstieg der NSDAP abgeschlossen. »Hitlers Weg. Eine historisch-politische Studie über den Nationalsozialismus« wurde in den nächsten Monaten ein Verkaufserfolg. Doch als der Autor Ende März 1932 die achte Auflage vorbereitete, wähnte er die politische Entwicklung in Deutschland »in ein helleres Licht getreten«. Hintergrund war Hitlers Niederlage gegen Hindenburg zwei Wochen zuvor bei der Wahl des Reichspräsidenten. Von diesem Misserfolg, so Heuss' Erwartung, würden sich die Nationalsozialisten »nicht mehr erholen«. Hitlers Versuch, »die Partei über die Legalität in die Koalitionsfähigkeit und damit in die Machtteilnahme hineinzuschwören, ist für absehbare Zeit ohne Folge«.

Bis zur »Machtteilnahme« der NSDAP dauerte es dann gerade noch zehn Monate. Dazwischen lag die Reichstagswahl vom Juli 1932, bei der die Partei mit 37,4 Prozent ihr bis dahin bestes Ergebnis einfuhr – und eine erneute Reichstagswahl im November, die ihr erstmals Verluste bescherte. Der seit Jahren anhaltende Aufwärtstrend für die Feinde der Republik schien damit gestoppt. Doch anstatt auf die nun wachsenden Spannungen innerhalb der NS-Bewegung und deren bereits beginnenden Zerfall zu setzen, freundeten sich immer weitere Kreise der bürgerlichen Rechten mit dem Gedanken ihrer Regierungsbeteiligung an. In der Überwindung des verhassten »Systems« von Weimar erkannte man das gemeinsame Ziel, das mit Hitlers Ernennung zum Reichskanzler am 30. Januar 1933 auf den Weg gebracht schien.

Dass Bonn nicht Weimar sei, lautete, vor allem in den ersten Jahrzehnten der zweiten deutschen Demokratie, das oft und gern zitierte Wort des Schweizer Journalisten Fritz René Allemann. In mancher altbundesrepublikanischen Krise diente es als eine Art Beschwörungsformel, und nach der deutschen Einigung hieß es noch gelegentlich, dass Berlin nicht Weimar werden dürfe. Inzwischen ist die Diagnose des Deutschlandkenners Allemann – er hatte Anfang der dreißiger Jahre an der Hochschule für Politik in Berlin studiert, wo auch Theodor Heuss unterrichtete – ein wenig in Vergessenheit geraten. Dabei drängt sie sich als Mahnung mittlerweile wieder geradezu auf: wo es um politische Fehler und Kurzsichtigkeiten der Demokraten im Umgang mit den Demokratieverächtern geht.

So zum Beispiel, als man im Bundesinnenministerium dieser Tage auf die Idee kam, ausgerechnet in einem Moment die Infrastrukturmittel der Demokratie – sprich: den Haushalt der Bundeszentrale für politische Bildung – zu kürzen, da die Desiderius-Erasmus-Stiftung der AfD staatliche Gelder für ihre Version von politischer Bildung einklagt. Angesichts ihres im Februar in Karlsruhe bereits erzielten Teilerfolgs ist das genauso wenig zu verstehen wie die Indolenz, mit der die übrigen im Bundestag vertretenen Parteien bislang auf das Verlangen des Bundesverfassungsgerichts nach einem Finanzierungsgesetz reagieren, das die Grundlage für eine Verweigerung von Steuermitteln für die Rechtsaußen-Stiftung bilden könnte. So einfach, wie der bereits im Wahlkampfmodus schwadronierende bayerische Ministerpräsident es sich auf Herrenchiemsee glaubte machen zu können (»Keine Freiheit für die Feinde der Freiheit«), liegen die Dinge eben nicht.

Allerdings offenbart sich spätestens jetzt auch der schwere Fehler, den die Karlsruher Richter Anfang 2017 begingen, als sie ein Verbot der NPD mit der Begründung ablehnten, diese sei zwar verfassungsfeindlich, aber zu unbedeutend, um das scharfe Schwert des Parteiverbots auszupacken. Wie könnten die Hüter der Verfassung nun noch argumentieren, käme nach den Wahlen im Herbst im Bundestag ein Verbotsantrag gegen die AfD oder einzelne ihrer Landesverbände zustande? Würde es dann heißen: Die AfD ist zwar ganz oder in Teilen verfassungsfeindlich, aber leider zu bedeutend, um den in demokratischen Wahlen geäußerten politischen Willen von, sagen wir, einem knappen Drittel der Wählerinnen und Wähler zu missachten?

Die Höckes dieser Republik holen sich ihre Anregungen nicht erst seit gestern bei Goebbels. Es ist an der Zeit, dass sich, wieder einmal, auch die Demokraten vor Augen führen, wie die Weimarer Republik ruiniert worden ist.

18. August 2023

Deutsch-Deutsches

Nischenglück

Die Wiederbegegnung mit der Warenwelt der DDR soll gegen Altersdemenz helfen. Ein Dresdner Seniorenheim hat deshalb ein »Erinnerungszimmer« eingerichtet. Nur deshalb?

Die Geschichte geistert seit Monaten durch die Medien, und die internationale Boulevardpresse ist fasziniert: In einem Dresdner Altersheim, so heißt es, blühen Demenzkranke auf, seit sie, mit Ostmark in der Hand, in einer fiktiven, aber original bestückten HO-Kaufhalle ein paar vertraute Produkte aus der Warenwelt der DDR erstehen können. Gleich daneben (statt in einem eigenen Laden) ist ein Regal mit Sachen aus dem Intershop aufgebaut, doch das scheint die alten Menschen nicht zu verwirren. Im Gegenteil, sie quittieren es mit Schmunzeln, dass man für dieses noch deutlich kleinere, eben westlich-exklusive Angebot Devisen benötigt. Wie einst im richtigen Leben.

Die Idee für das »Erinnerungszimmer«, in dem auch das offizielle Honecker-Porträt nicht fehlt (allerdings nicht an der Wand, sondern in einer Grabbelkiste), stammt letztlich von den Heimbewohnern selbst. Denn Gunter Wolfram, dem Leiter der »Seniorenresidenz Alexa«, war aufgefallen, wie exakt manche der Alten die komplizierte Mechanik des seinerzeit beliebten Motorrollers »Troll« erinnerten, den er eigentlich nur erworben hatte, um den Kinosaal des Heims zu schmücken. Daraufhin begann der jugendliche Mann, systematisch Artefakte aus dem ostdeutschen Alltag der sechziger und siebziger Jahre zusammenzutragen: Küchenutensilien und Schrankwände ebenso wie Eierschachteln und Waschmittelverpackungen. Inzwischen können die diensthabenden Ergotherapeutinnen mit ihren Alzheimer-Patienten ganze Nachmittage in einer untergegangenen Welt verbringen – und von verblüffenden Erfolgen berichten: »Viele essen wieder selbständig, Bettlägerige haben sich wieder aufgerafft.«

Wem nun die wunderbare Filmkomödie *Good Bye Lenin!* in den Sinn kommt, der liegt nicht ganz falsch. Auch die Geschichte des im Grunde eher unpolitischen Alex und seiner alleinerziehenden Mutter, einer verdienten Genossin, die kurz vor dem Mauerfall nach einem Herzinfarkt ins Koma fällt und erst wieder aufwacht, als der Kapitalismus in Ost-Berlin seinen Siegeszug bereits angetreten hat, lebt vom therapeutisch hilfreichen Aufruf vergangener Wirklichkeit: Die Spreewaldgurken, für die der liebevolle Sohn nur noch holländische Ersatzware auftreibt, die »Aktuelle Kamera« aus dem Videorecorder, für die er eigens Nachrichten erfindet – um die Mutter zu schonen, muss die gerade implodierte DDR erhalten bleiben.

Das markiert denn auch die Differenz zwischen dem deutsch-deutschen Blockbuster von 2003 und den Dresdner Senioren von heute: Auch die schon ein wenig eingeschränkten unter diesen wissen, dass es den Staat nicht mehr gibt, in den sie als Kinder der NS-Zeit hineingewachsen sind. Dennoch, vielleicht gerade deshalb, verspüren sie eine Sehnsucht nach seiner Dingwelt – nach den Farben und Formen, nach den Gerüchen und Genüssen, die auch der Realsozialismus bereithielt. Und mit den Dingen wünschen sie die daran haftenden Erinnerungen zurück. An diesem Bedürfnis ändert die Tatsache offenkundig nichts, dass selbst für die heute Achtzigjährigen schon mehr als ein Drittel ihres Lebens nach dem Ende der DDR datiert. Doch heißt das, dass diese Menschen nie in der Bundesrepublik angekommen sind?

Natürlich hat es die schräge Story aus dem Altersheim auch in die *Bild*-Zeitung geschafft, und deren Interpretation zielte genau in diese Richtung. Warum sonst hätte die Redaktion geglaubt, in einer launigen Überschrift »DDR« mit »Deutsche Demenz-Residenz« ausbuchstabieren zu sollen? Das Blatt demonstrierte damit nicht nur ein gerüttelt Maß an Ignoranz gegenüber der eigenen Geschichte – bei Springer hatte das Akronym des zweiten deutschen Staates jahrzehntelang nur mit Tüttelchen verwendet werden dürfen, die ironischerweise just im Sommer 1989 gefallen waren –, sondern auch wenig Sinn für die Erfahrungen seiner ostdeutschen Leser.

Gewiss begann der Kult um Gurken aus dem Spreewald, um Rotkäppchen-Sekt und um Halloren-Kugeln aus der »ältesten Schokoladenfabrik Deutschlands« recht bald nach dem Ende der DDR, und vermutlich sprach daraus schon damals nicht bloß Nostalgie. Ein Vierteljahrhundert später allerdings ist unübersehbar, dass sich darin ein spezifisches Erinnerungsbedürfnis ausdrückt, das mit »Ostalgie« nur unzureichend beschrieben wäre: Weist es doch über den bekannten Umstand hinaus, wonach sich Menschen im Alter nur zu gern, im Zweifel mit Glanz in den Augen, ihrer Kindheit erinnern.

Denn woran die sächsischen Senioren sich erfreuen, sind ja nicht die Dinge aus der Kriegs- und frühen Nachkriegszeit, sondern aus den prägenden Jahren ihres beruflichen Schaffens. Es sind die Produkte ihres Lebens und Arbeitens in der DDR der sechziger und siebziger Jahre, aus einer Zeit also, in der fast alle an den Fortschritt glaubten und nicht wenige an die »Errungenschaften« einer sozialistischen Gesellschaft. Das meiste davon, sicherlich mehr als unter marktwirtschaftlichen Konkurrenzbedingungen nötig, wurde nach 1990 plattgemacht. Insofern summt im Dresdner »Erinnerungszimmer« auch ein Stück Kapitalismuskritik – nicht anders als in den zahlreichen, oftmals privat geführten ostdeutschen Museen, in denen die DDR ihre warenästhetische Nische gefunden hat.

Im kleinen Glück der Wiederbegegnung mit vertrauten Gegenständen aus dem Leben vor dem Mauerfall steckt sicherlich ein bisschen Trotz, durchaus nach dem Motto: Es war nicht alles schlecht. Vor allem aber steckt darin ein starkes Moment der Selbstvergewisserung. Denn es geht dabei – mitnichten nur für die Dresdner Senioren – um die Dignität und den Eigensinn ihres vergangenen Alltags im Sozialismus. Die zeithistorische Forschung hat sich dieser Erfahrungen bis heute nicht angenommen, womöglich auch aus falscher Angst vor Apologie. Dabei müsste es gerade der Wissenschaft darum zu tun sein, genauer hinzusehen, um am Ende unterscheiden zu können: zwischen einem gleichsam anthropologischen Verlangen nach schönen Erinnerungen und politisch geschönter Vergangenheit, zwischen aufklärerischer Vergegenwärtigung und verklärender Instrumentalisierung. Letztere soll man dann auch so nennen.

21. Juli 2017

Vetomacht

In Ostdeutschland wird der »Volkswille« glorifiziert. Das nährt die Ressentiments gegenüber unserer repräsentativen Demokratie

Dem Volk das letzte Wort!« war der Zeitungsbeitrag überschrieben, mit dem Michael Kretschmer vor drei Wochen ebenso vehement wie überraschend für »mehr direkte Demokratie« plädierte. Sachsens junger Ministerpräsident von der CDU steht in der Auseinandersetzung mit einer AfD, die bei der Europawahl Ende Mai ein Viertel der abgegebenen Stimmen erhielt und sich seitdem als die kommende Kraft gebärdet. Glaubt man den Prognosen für die Landtagswahl am 1. September, dann liefern sich die Rechtspopulisten und Rechtsradikalen gerade ein Kopf-an-Kopf-Rennen mit der Union. Letzterer dünkt in dieser Situation anscheinend nicht einmal mehr die Verfassung gut genug, die sich die hellen Sachsen unter ihrem schwarzen »König Kurt« (Biedenkopf) 1992 gegeben haben. Jedenfalls fand Kretschmers defätistische Idee Eingang in das Chemnitzer Wahlprogramm seiner Partei – offenkundig in der Hoffnung, der AfD damit noch ein wenig Wasser abzugraben.

Den Ostdeutschen, so der Ministerpräsident, sei zwar »die Lust an unserer Demokratie« nicht vergangen, fraglos aber sei das »Vertrauen in unsere Institutionen in Sachsen geringer als in Bayern«. Mit einem neuen Instrument namens »Volkseinwand« will er dieses Vertrauen stärken: Die Sächsinnen und Sachsen sollen die Möglichkeit bekommen, Unterschriften gegen vom Landtag beschlossene Gesetze zu sammeln. Machen binnen hundert Tagen fünf Prozent der Wahlberechtigten mit, käme es zu einer Volksabstimmung, bei der das fragliche Gesetz mit einfacher Mehrheit gestoppt werden könnte. Von dieser plebiszitären Vetomacht der Besserwisser verschont bleiben sollen – neben dem Landeshaushalt – nur Staatsverträge und Gesetze, die das Parlament mit absoluter Mehrheit für dringlich erklärt.

Angeblich ist der neue »Volkseinwand« nicht nur dazu angetan, die Bürgerbeteiligung und die Akzeptanz politischer Entscheidungen zu stärken; die Verfassungsänderung soll überdies zur »Versachlichung von Debatten« beitragen. Jene, die sich inzwischen über Kretschmers Vorschlag entwickelt hat, deutet allerdings in eine andere Richtung: »Nur wem das Wasser bis zum Hals steht, kann auf so eine Idee kommen!«, heißt es zum Beispiel in den Leserbriefspalten der heimischen Presse.

Tatsächlich spricht wenig dafür, dass es fehlende demokratische Mitwirkungsmöglichkeiten sind, die so viele Sachsen in die Arme der AfD treiben. Die Verfassung des Freistaats sieht eine Gesetzgebung durch »Volksantrag« ausdrücklich jetzt schon vor, ebenso das übliche Volksbegehren und den Volksentscheid, auch wenn Letzterer mit dem bundesweit höchsten Quorum belegt ist. All diesen Regelungen nun noch einen »Volkseinwand« an die Seite zu stellen, hieße nach Meinung des Dresdner Politikwissenschaftlers Hans Vorländer, »die Axt an unser parlamentarisches System« zu legen.

An der TU Dresden hat freilich nicht nur Vorländers Zentrum für Verfassungs- und Demokratieforschung seinen Sitz; seit 2016 ist dort auch das »Deutsche Institut für Sachunmittelbare Demokratie e. V.« untergekommen, das seit vielen Jahren mit verblüffender Hartnäckigkeit für die Verschweizerung der Bundesrepublik eintritt. Der nun zum CDU-Programmpunkt erkorene »Volkseinwand« wird dort als »historisch« bejubelt: Nach der Verfassungsänderung könne niemand mehr »im Lande herumlaufen und behaupten – ohne je eine wirkliche Volksmehrheit organisiert zu haben –, dass er ›das Volk‹ sei«. Ganz ähnlich schlussfolgert Werner Patzelt, der während seiner Zeit als Politikprofessor in Dresden nicht nur immer mal wieder die AfD beriet, sondern als langjähriges CDU-Mitglied am Wahlprogramm seiner Partei mitgeschrieben hat: Gäbe es den »Volkseinwand«, müsste das Staatsvolk »nicht länger eine Protestpartei so lange mästen, bis diese eine selbstgefällige Parlamentsmehrheit aufzubrechen vermag«.

Solche Rhetorik ist Teil des Problems, dessen Lösung sie zu kennen glaubt. Sie bedient sich mit Wonne sarkastischer Analogien, so etwa, wenn Patzelt fragt, ob es nicht gut wäre, wenn das Volk »beschlossene Gesetze zurückweisen könnte – gerade so, wie man das Angebot eines Händlers ablehnt, wenn das unterbreitete Geschäft missfällt?«

Wer so argumentiert, verkennt oder will nicht wissen, weshalb der »Volkswille« in Ostdeutschland so gern verklärt wird. Dreißig Jahre nach der friedlichen Revolution hat sich ein höhnischer Voluntarismus breitgemacht, der meint, man könne, ja müsse die politischen Probleme unserer repräsentativen Demokratie mit jenen in der späten DDR vergleichen.

Die Sache wird nicht dadurch besser, dass es gar nicht so selten ehemalige Bürgerrechtler sind, die sie vertreten. Oder Menschen, die sich wie Antje Hermenau in der Wendezeit zu engagieren begannen und nun energisch auf Abgrenzung setzen, vor allem gegenüber der westdeutschen Migrationsgesellschaft: »Wir haben uns aus der Umklammerung Moskaus gelöst und wollten Deutsche sein«, verkündete die frühere Fraktionschefin der sächsischen Grünen vor einiger Zeit in einer jener Talkshows, in denen die Gemütslage der

Ostdeutschen und ihre Identitätsbedürfnisse regelmäßig in Rede stehen. »Jetzt hat sich Deutschland so verändert, dass sich viele fragen: Ist das noch das Land, dem wir beigetreten sind?«

Vielleicht erklärt sich mancher Unmut im Osten tatsächlich aus dem Faktum, dass die Welt des Jahres 2019 nicht mehr die Bundesrepublik von 1989 ist. Und offenbar leiden einige der einstigen Revolutionäre am meisten darunter, dass die Zeit nach ihrem politischen Triumph nicht einfach stehengeblieben ist. Sie reagieren deshalb mit großer Aggressivität auf gesellschaftliche Veränderungen – oder gleich, wie Vera Lengsfeld, mit Verschwörungstheorien. Die vormalige Grüne und spätere CDU-Bundestagsabgeordnete sieht gerade einen »Staatsstreich in Sachsen« im Gange, weil der Landeswahlausschuss zwei Drittel der AfD-Liste wegen Formfehlern gestrichen hat. Wie einst die SED bei den Kommunalwahlen im Mai 1989 signalisiere das »Establishment« damit dem Volk: »Ihr könnt wählen, wen ihr wollt, wir sorgen dafür, dass eure Stimme nicht zählt.«

Wie anders denn als Demagogie im Namen eines ominösen »Volkswillens« soll man solche Unterstellungen bezeichnen? Es ist bitter mitanzusehen, wenn Revolutionäre im Ressentiment enden.

19. März 2019

Deutschlands Tag

Der 9. November ist zentral für die Geschichte unserer Republik. Soll man nur daran erinnern, wenn sich die Jahre im Gedenkkalender runden?

In diesem Jahr sind alle Zahlen krumm: Die Proklamation der Deutschen Republik liegt 103 Jahre zurück, der zweite Versuch ihrer Beseitigung (nach dem Kapp-Putsch vom März 1920) scheiterte vor 98 Jahren an der Münchner Feldherrnhalle, die antijüdischen Pogrome jähren sich zum 83. Mal, und 32 Jahre ist es her, dass in Berlin die Mauer aufging. Kein Grund also, den 9. November besonders in den Blick zu nehmen?

Tatsächlich hat sich in den vergangenen etwa vier Dekaden ein öffentlicher Umgang mit unserer Geschichte entwickelt, der sehr auf »runde« Jahrestage setzt. Vieles von dem, was wir uns als Erinnerungskultur zugutehalten, ist darauf fixiert. Bei entsprechender Kalenderlage greifen Politik und Medien zeitgeschichtliche Themen gerne auf; fehlt ein solcher Anlass, wird es schnell zäh. Und zwischendurch finden sich an unerwarteter Stelle – also nicht nur bei der AfD, sondern auch im seriösen Journalismus – mittlerweile wieder abschätzige Bemerkungen, wie man sie zuletzt in den Neunzigern gehört hatte: als deutsche Wirtschaftsführer meinten, mit ihrem Ehrgeiz als »Weltmeister der Vergangenheitsbewältigung« schade die Bundesrepublik ihren Interessen als Exportnation. Heute heißt es schon mal in der *Zeit*, bezogen auf die Einsatzfähigkeit der Bundeswehr, ein »überkommenes Verständnis unserer Vergangenheit« führe zu einem »Kaputte-Panzer-Pazifismus«.

Wer kritische Geschichtsreflexion für Wehrkraftzersetzung hält, der wird sich vermutlich auch nicht von Wolfgang Niess' kürzlich erschienener Darstellung beeindrucken lassen, die höchst anschaulich durchdekliniert, wie viele gute Gründe es gibt, den 9. November auch jenseits »runder« Jahrestage im Gedächtnis zu halten. Zu der denkwürdigen Reihe historischer Ereignisse, die auf den Entstehungstag der ersten deutschen Demokratie 1918 folgte, zählt Niess ganz zu Recht und gegen die Konvention auch Georg Elsers knapp gescheitertes Attentat auf Hitler im Bürgerbräukeller am Vorabend des 9. November 1939. Der aufklärerische Reiz seines Buches aber liegt vor allem darin, dass es durch die Jahrzehnte hindurch den wechselnden Umgang mit dem Tag beleuchtet.

Dabei zeigt sich: Selbst in den politisch und wirtschaftlich einigermaßen stabilen Jahren der Weimarer Republik, also nach dem abgewehrten Hitler-Putsch von 1923, taten sich deren Verteidiger schwer, der demokratischen Revolution und ihrer Errungenschaften zu gedenken. Die Hetze von rechts war nun zwar eine Zeitlang etwas weniger laut, doch die Lüge vom »Dolchstoß« gegen das »im Felde« angeblich unbesiegte deutsche Heer blieb so präsent wie das mörderische Wort von den »Novemberverbrechern«. Kein Wunder, dass selbst die Sozialdemokraten sich scheuten, für den 9. November als Nationalfeiertag einzutreten.

Hitler hingegen wusste sich des Datums zu bemächtigen. 1926 machte er daraus den »Reichstrauertag« der NSDAP. Im »Dritten Reich« wurde die quasireligiöse Inszenierung um die 16 vor der Feldherrnhalle »Gefallenen« weiter perfektioniert; die Reste zweier Tempel für ihre Sarkophage sind bis heute am Münchner Königsplatz zu besichtigen. Mit dem alljährlichen Ritual um »Blutzeugen« und »Blutfahne« hing dann auch der Beginn der sogenannten Reichskristallnacht am 9. November

1938 zusammen: Beim anschließenden abendlichen Treffen der »Alten Kämpfer« erteilte Goebbels mit Billigung des »Führers« Weisung, die antijüdischen Gewaltaktionen laufen zu lassen, die seit den tödlichen Schüssen des minderjährigen Herschel Grynszpan auf den Diplomaten Ernst vom Rath in Paris mancherorts bereits eingesetzt hatten.

Nach dem Zweiten Weltkrieg war es selbstverständlich nicht mehr möglich, auf den 9. November 1918 zurückzublicken, ohne die Verbrechen an den Juden mitzudenken, die 1938 zwar nicht erst begonnen, mit den brennenden Synagogen jedoch eine neue Eskalationsstufe erreicht und schließlich in den Holocaust geführt hatten. Allerdings blieb in den ersten Jahren nach 1945 die Erinnerung an die 1918 begründete und 1933 gescheiterte Demokratie so schwach wie das Gedenken an den Völkermord – und Letzteres lange im Grunde eine Sache der Überlebenden.

Erst 1958, zum 20. Jahrestag der Pogrome, schalteten sich die Medien in größerem Umfang ein, und die politischen Spitzen der Republik bekundeten ihre Anteilnahme. Bundespräsident Theodor Heuss schrieb an den Zentralrat der Juden: »Dieses Tages zu gedenken, ist sonderliche Pflicht in einem Zeitpunkt, da die Zahl derer wächst, die sich in die Annehmlichkeit des Vergessen-Wollens flüchten möchten oder bereits geflohen sind.«

Heuss sollte Recht behalten. Bis zu einer breiten, nicht mehr nur staatlich veranlassten, sondern von der Gesellschaft getragenen Vergegenwärtigung der deutschen Verbrechen an den Juden war es noch ein langer, mit Rückschlägen und vergangenheitspolitischen Skandalen gepflasterter Weg. Der November 1988 markierte in diesem Sinne einen Einschnitt, und zwar nicht nur angesichts der Erregung über die rhetorisch misslungene Rede von Bundestagspräsident

Jenninger: Ein halbes Jahrhundert nach den Terrortagen und -nächten brachte Heinz Galinski Politiker aus West- und Ostdeutschland bei Gedenkveranstaltungen in Frankfurt am Main und Ost-Berlin zusammen. Der Vorschlag des Zentralratsvorsitzenden allerdings, einen gemeinsamen deutsch-deutschen Gedenktag einzuführen, verhallte.

Die glückliche Zäsur des 9. November 1989 erhöhte die Komplexität des Tages natürlich weiter. Ergebnis der alsbald einsetzenden Debatte um das »richtige« Datum eines Feiertags für das vereinte Deutschland war der Verwaltungskompromiss des 3. Oktober.

Inzwischen haben sich die meisten Bedenken, die 1990 gegen den 9. November als Nationalfeiertag geltend gemacht worden waren, ebenso erledigt wie die Dringlichkeit der damaligen Forderungen danach. Unerledigt, nein: unabschließbar aber ist die Aufgabe, die politischen Zusammenhänge im Gedächtnis unserer Gesellschaft zu halten, die dieses Datum wie kein anderes in der deutschen Geschichte verkörpert. Am 9. November lässt sich lernen, wie Demokratien begründet und wie sie zerstört werden können – und was riskiert, wer ihre Verächter gewähren lässt.

5. November 2021

Glänzende Neubauten

In Halle soll ein »Zukunftszentrum« entstehen, dessen Kernmotiv in der Vergangenheit liegt. Keine gute Idee für das fünfte Jahrzehnt der deutschen Einheit

Einen »Dom der Einheit« stellte sich Matthias Platzeck vor, im Sommer vor zwei Jahren, als die Merkel-Koalition ihre letzten Projekte auf den Weg brachte und die Welt noch einigermaßen in Ordnung zu sein schien. Dann kam der russische Überfall auf die Ukraine, und die Idee einer weiteren deutschen Nabelschau wurde noch schaler, als sie es ohnehin schon war. Doch auch die neue Bundesregierung fand Gefallen an dem Plan eines »Zukunftszentrums für Deutsche Einheit und Europäische Transformation«, nun lediglich unter etwas stärkerer Betonung des zweiten Namensteils, der sich in Richtung Osteuropa deuten lässt. Entsprechend wünscht sich Promotor Platzeck inzwischen keinen nationalen Sakralbau mehr, sondern kokettiert mit Profanem, dem Guggenheim-Museum in Bilbao etwa oder der Oper in Sydney. »Herausragende Architektur« jedenfalls soll das »Zukunftszentrum« dereinst glänzen lassen, und seit gut zwei Wochen ist auch sein Standort bekannt.

Wer, außer den Stadtoberen von Frankfurt an der Oder, Leipzig/Plauen, Jena und Eisenach, könnte es Halle an der Saale missgönnen, im Wettbewerb um die – fürs Erste – auf 200 Millionen Euro festgesetzte Bausumme obsiegt zu haben? Für den Plan, den einst verkehrsreichsten innerstädtischen Hochstraßenkreisel der DDR zu überbauen, lassen sich natürlich jede Menge plausibler Argumente anführen. Nur: Das galt auch für die Konzepte der vier Konkurrenzbewerber, die nun leer ausgegangen sind. Vor allem aber beantwortet die Tatsache, dass ein Baugrund gefunden ist, noch nicht einmal im Ansatz die Frage nach dem Sinn des Unterfangens.

Führt man sich die Genese des gleichwohl nun vermutlich unabwendbar gewordenen Projekts noch einmal vor Augen, so erkennt man dahinter die in drei Jahrzehnten festgebackenen Strukturen einer Politik, die weiterhin glaubt, Unzufriedenheit mit therapeutischen Mitteln – Mitteln im Sinne von viel Geld – wegzaubern zu können: Fast immer noch in der Art, wie es sich einst Helmut Kohl mit seinem »Gemeinschaftswerk Aufschwung Ost« erhoffte, für das ihm im Mai 1991, aber das nur am Rande, ausgerechnet in Halle Eier und Tomaten entgegenflogen.

Die Anfänge des »Zukunftszentrums« reichen zurück bis ins Frühjahr 2019. Damals berief, nicht eben vorzeitig, das Kabinett Merkel IV eine Kommission unter dem programmatischen Titel »30 Jahre Friedliche Revolution und Deutsche Einheit«. Deren 22 Mitglieder (darunter vier Westdeutsche, von denen zwei nicht ausschließlich in Ostdeutschland tätig sind) sollten unter dem Vorsitz des ehemaligen brandenburgischen Ministerpräsidenten Platzeck Vorschläge machen, wie zwischen dem 9. November 2019 und dem 3. Oktober 2020 – Zitat Originalprosa Bundesregierung – »immer wieder an die Schicksalsjahre der Deutschen erinnert« werden könnte. Für das »Jubiläumskonzept«, für Feiern und Veranstaltungen standen Haushaltsmittel in Höhe von 65 Millionen Euro bereit, bei Bedarf auch mehr. Doch dann kam Corona, und nach sechs Runden »Deutschland im Gespräch« mit sage und schreibe 664 Bürgerinnen und Bürgern war Sendepause; über die Beteiligung an den späteren Online-Terminen gibt der Abschlussbericht der Kommission vom Dezember 2020 keine Auskunft.

Wohl aber taucht dort, wie zum Ausgleich für all das pandemiebedingt Versäumte, schon im Vorwort die Empfehlung auf, ein »interdisziplinäres Zukunftszentrum« zu errichten: als einen neuen »Knotenpunkt«, um »Umbruchkompetenzen zu bündeln, Lebensleistung zu würdigen, Bürgerdialoge zu führen, gesellschaftlichen Zusammenhalt zu organisieren«. Und als wären das der Wunderdinge noch zu wenige, soll das Zentrum – im »intensiven internationalen Austausch«, versteht sich – »kluge Strategien für die Transformationsprozesse der kommenden Jahrzehnte« entwickeln.

Wer angesichts dieses Wortgeklingels meint, das eine oder andere schon einmal gehört zu haben, liegt selbstverständlich richtig: Es handelt sich um die Rhetorik eines politischen und finanziellen Zuwendungsdenkens, das trotz vieler gegenteiliger Erfahrungen darauf setzt, dass »unten« Ruhe einkehrt, wenn von »oben« nur genügend Geld fließt. Und es steckt darin die unausgesprochene Unterstellung, die Menschen im Osten dieses Landes bedürften auf alle Zeiten einer Therapie. Mögen die Absichten solcher Programme auch ehrenwert und ihre Ideengeber sogar in erster Linie Ostdeutsche sein, so haftet dem Ganzen doch etwas Paternalistisches an. Gespräche unter Gleichen sehen jedenfalls anders aus.

Tatsächlich sind die enormen Transformationsanstrengungen, die den Ostdeutschen angesichts eklatanter Strukturprobleme schon im Realsozialismus der Siebziger, verstärkt aber seit dem Ende der DDR abverlangt wurden, längst unter einer Vielzahl von Gesichtspunkten kritisch untersucht – eben weil der sozial- und geisteswissenschaftlichen Forschung in den vergangenen Jahrzehnten kontinuierlich Mittel zur Verfügung standen und weiter stehen. Seit 2018 fördert allein das Bundesministerium für Bildung und Forschung mit insgesamt 40 Millionen Euro 14 große Verbundprojekte, und eine zweite, wenn auch kürzere Förderphase ist in Vorbereitung. Hinzu kommen wichtige Teile des seit 2020 als Netzwerk organisierten »Forschungsinstituts Gesellschaftlicher Zusammenhalt«. Ein Vierteljahrhundert nach den beiden großen, vom Bundestag eingesetzten Enquete-Kommissionen fließt also weiterhin ein breiter Strom der wissenschaftlichen Erkenntnis, aus dem die Ausstellungsmacher in den ja nicht wenigen einschlägigen Museen schöpfen, nicht anders als die Moderatorinnen beim alljährlichen Tag der Deutschen Einheit.

Braucht es da wirklich ein »Zukunftszentrum«, dessen Motive, wie Matthias Platzeck wohl unfreiwillig offenbart hat, vor allem in der Vergangenheit liegen? »Ich fände es schön, wenn eines Tages Großeltern mit ihren Enkeln durch das Zentrum gehen, eine Ausstellung sehen und sagen: Guck mal, ich war dabei, als nach 1990 Bitterfeld erst abgewickelt und dann neu aufgebaut wurde.« Für einen Prunkbau, der – man soll ja optimistisch sein – im frühen fünften Jahrzehnt der deutschen Einheit fertig wird, ist das ein bisschen wenig. Hoffen wir auf die guten Ideen der Hallenser.

3. März 2023

Ausgeleuchtet

Jedes Jahr werden die Thüringer nach ihrer Meinung gefragt, so gering wie jetzt war ihr Demokratievertrauen lange nicht. Passt die Rede von den »Abgehängten« noch?

Seit der Jahrtausendwende werden die Thüringerinnen und Thüringer alle zwölf Monate im Auftrag der Staatskanzlei politisch geröntgt. Diese repräsentative »Reihenuntersuchung« geschieht, versteht sich, auf freiwilliger Basis, und der Instrumentenkasten, der dabei zum Einsatz kommt, heißt Thüringen-Monitor. Das klingt nach »Monitoring«, auf Deutsch nach Überwachung, und allein schon deshalb – manchmal aber auch, weil sich jemand an einem Ergebnis stört – lösen die Befragungen mitunter Unmut aus. Dabei handelt es sich im Grunde um nichts anderes als eine jener demoskopischen Erhebungen, wie sie uns fast täglich begegnen. Nur dass diese Durchleuchtung der politischen Kultur eines ganzen Bundeslandes regelmäßig stattfindet und nicht von kommerziellen Interessen bestimmt wird.

Der jüngste Monitor strahlt dunkel. Nicht einmal mehr die Hälfte der gut zwei Millionen Thüringer ist zufrieden mit der Demokratie; noch neun Prozentpunkte weniger, nämlich 39 Prozent, vertrauen der Landesregierung, der Bundesregierung gar nur 22 Prozent. Was Marion Reiser, meine Kollegin am politikwissenschaftlichen Institut der Universität Jena, die für die Studie verantwortlich zeichnet, besonders beunruhigt, ist der dramatische Absturz der Zufriedenheitskurve um sage und schreibe 17 Prozentpunkte binnen eines Jahres; das ist so steil wie noch nie seit Beginn der Messungen.

Doch der Forschungsbericht hält auf 252 Seiten noch andere Überraschungen bereit, und manche davon sind nicht leicht auf einen Nenner zu bringen. Mich hat unter anderem die Diskrepanz zwischen der Zufriedenheit der Befragten mit ihrer persönlichen wirtschaftlichen Situation und ihrer Einschätzung der allgemeinen Lage frappiert: Zwar beurteilten, anders als in den letzten beiden Jahren vor Corona, nicht mehr satte 80 Prozent, sondern nur mehr 74 Prozent ihre eigenen finanziellen Verhältnisse als »sehr gut« oder »gut«; aber im Vergleich mit der Einschätzung der wirtschaftlichen Gesamtlage ist das noch immer sehr beachtlich, denn die erscheint fast der Hälfte als »schlecht« oder »sehr schlecht«. Dabei ist es allenfalls der auch in Thüringen angekommene Fachkräftemangel, der die seit Jahren florierende ökonomische Entwicklung bremsen könnte.

Eine ähnliche Lücke klafft zwischen der Einschätzung des eigenen sozialen Umfelds und den Mutmaßungen über die weitere Umgebung. Sowohl auf dem Land als auch in Erfurt und Jena, den größten Städten des kleinen Freistaats, beschreiben die Menschen die Situation als familienfreundlich und das soziale Gefüge als intakt. Und um die 90 Prozent fühlen sich mit ihrer Gemeinde, aber auch mit der Region und dem Land verbunden, die Hälfte identifiziert sich sogar »sehr«. Zugleich hegt ein knappes Drittel der Befragten negative Erwartungen für die Zukunft des eigenen Wohnorts – je ländlicher dieser ist, desto düsterer sind die Befürchtungen.

Aus diesen Zahlen spricht das von den Sozialwissenschaften vielfach diagnostizierte »Abgehängtsein« beziehungsweise die Angst davor. Die Forscher sehen in dem Gefühl einen wichtigen Anknüpfungspunkt des Populismus. Wobei sie diesen nicht vorschnell mit Rechtsextremismus gleichgesetzt wissen wollen, schon gar nicht mit Antisemitismus, dem seit jeher ein Augenmerk des Thüringen-Monitors gilt.

Spätestens hier wird die Analyse allerdings kompliziert. Denn je genauer man hinschaut, umso widersprüchlicher erscheinen die Befunde. So sinkt zum Beispiel seit Jahren die Zustimmung zu dem Satz: »Bei der Politik, die Israel macht, kann ich gut verstehen, dass man etwas gegen Juden hat.« Während 2018 noch ein Drittel der Befragten dieser Aussage zustimmte, waren es vier Jahre später »nur« zwölf Prozent. Auch die Behauptung, die Juden hätten »einfach etwas Besonderes und Eigentümliches an sich und passen nicht so recht zu uns«, stößt in den letzten drei Jahren mit acht, vier und sechs Prozent auf deutlich weniger Zuspruch als noch 2019, als sich deprimierende 16 Prozent dazu bekannten.

Der naheliegenden Überlegung, dies könnte mit dem betont israelfreundlichen (weil antimuslimischen) Kurs der AfD zusammenhängen – sie käme mit ihrem Frontmann Björn Höcke laut Umfragen derzeit in Thüringen auf 30 Prozent –, steht ein anderer Befund im Weg, der sich auf die fatale Kernkompetenz der bereits seit 2014 im Erfurter Landtag vertretenen Rechtsradikalen bezieht: die Verharmlosung und Verherrlichung der NS-Zeit. Denn auch dafür sind die Thüringer trotz der unentwegten Bemühungen des ehemaligen Geschichtslehrers Höcke in den letzten Jahren immer weniger empfänglich geworden. Inzwischen meint »nur« noch ein Zehntel der Befragten, der Nationalsozialismus habe »auch seine guten Seiten« gehabt; das ist der niedrigste Wert seit den Anfängen des Thüringen-Monitors, als regelmäßig ein Fünftel diese Ansicht teilte.

Wirklicher Trost liegt in diesem Rückgang nicht. Eher sieht es danach aus, als hätte ein Teil der AfD-Klientel gelernt, »was man besser nicht sagt« – getreu der neurechten Fama von den angeblichen »Meinungskorridoren«. Schaut man sich nämlich an, wie es um parallele autoritäre Positionierungen steht – etwa um das Verlangen nach straffer Führung –, dann stößt man auf extrem gewachsene Zustimmungsraten. Fast zwei Drittel der Befragten denken mittlerweile, in »diesen Zeiten brauchen wir unbedingt eine starke Hand«, und nicht viel weniger (61 Prozent) sind der Meinung, es sei jetzt nötig, »Widerstand gegen die aktuelle Politik zu leisten«.

Die Demokratie- und Elitenverachtung, die aus solchen Statements spricht, ist natürlich keine thüringische Spezialität. Dass »die da oben« nicht den »Willen des Volkes« beherzigen, sondern nur ihren eigenen Interessen folgen – bis hin zu dem Ziel, »das deutsche Volk durch Einwanderer auszutauschen«, was immerhin 17 Prozent der Befragten glauben –, das kann man in ganz Deutschland hören. Und in Bayern hat es, wie bekannt, unlängst sogar der stellvertretende Ministerpräsident fertiggebracht, sich gegen die »Deppen da oben« in Stellung zu bringen. Eine AfD, die solche »Gegner« hat, braucht keine Freunde mehr.

23. Juni 2023

Deutsche, Juden, Israel

Judenhass

Der neue Antisemitismus ist vom alten weniger verschieden, als manche meinen. Ihn entschlossen zu bekämpfen ist nicht allein Sache des Staates

Der Begriff ist etwa 140 Jahre alt, die Sache selbst freilich viel älter. Antisemitismus gab es, längst ehe Wilhelm Marr dem jungen deutschen Kaiserreich den »Sieg des Judenthums über das Germanenthum« prophezeite – wie heute die Rechten der Bundesrepublik den »Bevölkerungsaustausch«. Und wie damals sind die geheimen Mächte, die angeblich das Ende Deutschlands und des »abendländischen« Europas planen, im Zweifelsfall natürlich Juden.

Verschwörungstheorien und »Erkenntnisse« wie die des irrlichternden Journalisten Marr wurden um die vorletzte Jahrhundertwende populär. Sie haben der christlichen Judenfeindschaft jenen Dreh gegeben, der zwar nicht geradewegs, aber doch mit ziemlicher Konsequenz in den Holocaust führte. Denn mit der Idee des Rassenantisemitismus war das fürchterliche »Faktum« in der Welt, dass die Juden biologisch anders seien als die »Arier«. In der Logik dieses neuen, bald »wissenschaftlich« untermauerten Antisemitismus machte auch die Taufe aus einem Juden keinen Christenmenschen mehr.

Nach Hitler wussten dann schlagartig fast alle Deutschen, dass gerade eine Zeit des »Rassenwahns« zu Ende gegangen war. Wer daran festhielt, galt als »Ewiggestriger« und wurde von der auf das Ansehen der jungen Republik bedachten neuen politischen Klasse gleichsam wegdefiniert. So im September 1949 von Konrad Adenauer in seiner Regierungserklärung: »Wir halten es für unwürdig und für an sich unglaublich, dass nach all dem, was sich in nationalsozialistischer Zeit begeben hat, in Deutschland noch Leute sein sollten, die Juden deswegen verfolgen oder verachten, weil sie Juden sind.«

Doch von derlei öffentlichem Wunschdenken – in Wahrheit hatte der Kanzler keine Illusionen – ließen harte Antisemiten sich nicht beeindrucken. »Ob das Mittel, die Juden zu vergasen, das gegebene gewesen ist, darüber kann man geteilter Meinung sein. Vielleicht hätte es andere Wege gegeben, sich ihrer zu entledigen«, meinte nur Wochen später im »Deutschen Haus« zu Einfeld Wolfgang Hedler, der für die Deutsche Partei im Bundestag saß. Als der einstige Stahlhelm-Mann und Alt-Pg. nach einem ersten Freispruch vor Gericht wieder in Bonn auftauchte, drängten ihn ein paar Sozialdemokraten, angeführt von Herbert Wehner, unter körperlichem Einsatz aus dem Parlament. Wenigstens im zweiten Anlauf wurde Hedler, der sich auch über die Widerständler des 20. Juli 1944 abfällig geäußert hatte, wegen »öffentlicher Beleidigung in Tateinheit mit öffentlicher Verunglimpfung des Andenkens Verstorbener« zu neun Monaten Gefängnis verurteilt.

Den mehr oder weniger latenten Antisemitismus in einer Gesellschaft, die in vielem noch eine postnationalsozialistische Volksgemeinschaft war, vermochte ein einzelnes Gerichtsurteil nicht zu beseitigen. Aber auf Dauer half es doch, dass Bonn in diesen Jahren auf neuen politischen und strafrechtlichen Normen insistierte. Anfang der Fünfziger war noch reichlich ein Drittel der Bundesbürger der Überzeugung, es sei »besser, keine Juden im Land zu haben«. Eine Dekade später glaubten das »nur« noch 18 Prozent. Vor allem aber machte Hoffnung: Mehr als doppelt so viele verneinten diese Ansicht jetzt.

Die Antisemitismusforschung weiß seit langem, dass Antisemiten keine Juden brauchen, um Gefühle der Abneigung und des Hasses zu produzieren. Auch deshalb unterscheidet sie zwischen »primärem« und »sekundärem« Antisemitismus und versucht, legitime Kritik (etwa an der Siedlungspolitik der gegenwärtigen israelischen Regierung) von antisemitischer »Israelkritik« zu trennen. In diesen Tagen allerdings gewinnt man den Eindruck, dass klare Worte nach allen Seiten mindestens so wichtig sind wie pädagogische Bemühungen, die Motive der heutigen Antisemiten zu verstehen. Letztere sind nicht so kompliziert, wie mancher meint. Dass junge Muslime, seien sie in Deutschland geboren oder erst vor kurzem als Flüchtlinge aus Ländern gekommen, in denen Antisemitismus gewissermaßen Staatsdoktrin ist, Gleichaltrige angreifen, die eine Kippa tragen (und sei es, wie neulich in Berlin, um das damit verbundene Risiko zu testen), darf nicht hingenommen werden. Nicht weniger unerträglich ist allerdings die Heuchelei all jener alten und (vermeintlich) neuen Rechten, die sich als Verteidiger eines christlich-jüdischen Kulturerbes aufschwingen, tatsächlich aber nur die Demütigung von »Kopftuchmädchen« und die Ausweisung von »Kameltreibern« im Sinn haben.

Mühsam zwar und unter Rückschlägen auch aus zunächst unvermuteter Ecke – man denke etwa an den Judenhass der terroristischen Linken in den Siebzigern – ist es der alten Bundesrepublik im Laufe der Jahrzehnte gelungen, den Antisemitismus mit jenem gesellschaftlichen Stigma zu belegen, das ihm gebührt. Daran gilt es festzuhalten, auch unter demographisch komplizierter gewordenen Verhältnissen. Dass jüdische Einrichtungen in Deutschland nach wie vor gesichert werden müssen wie Gefängnisse, ist traurig genug. Es darf nicht sein, dass Juden auch nun wieder auf der Straße Angst haben müssen. So wie 1931 – mithin zu Zeiten von Rechtsstaat und Demokratie – auf dem Kurfürstendamm in Berlin, als junge Männer in braunen Hemden jüdische Passanten attackierten.

Auf den neu ernannten Antisemitismusbeauftragten der Bundesregierung kommt eine Menge Arbeit zu. Aber gefragt sind wir alle. Denn gesellschaftliche Normen erodieren, wenn Gesellschaften gleichgültig sind – zum Beispiel gegenüber Texten von Rappern, die Jugendliche glauben lassen, dass Hass auf Juden in Ordnung sei.

28. April 2018

Nach Halle

Vier Wochen sind seit dem Angriff auf die Synagoge vergangen – und in Deutschland ist kaum noch Beunruhigung zu spüren. Genau das ist beunruhigend

Stellt sich eigentlich noch jemand vor, in welchem Zustand diese Republik sich heute befände, hätte vor vier Wochen in Halle die Tür nicht gehalten, die einen zu allem entschlossenen Attentäter von den Betenden in der Synagoge trennte? Politik und Medien jedenfalls – und mit ihnen offenbar die meisten Deutschen – scheinen kaum mehr Diskussionsbedarf zu sehen. Das ist ein irritierender Befund angesichts einer Bluttat, die mehr hätte auslösen müssen als kurze Bestürzung und Fassungslosigkeit, auch mehr als ein paar spontane Zeichen der Empathie. Das ist zu wenig angesichts eines Mordplans, dem zwei Menschen zum Opfer gefallen sind und der ein Vielfaches an Menschenleben hätte fordern können. Das ist verstörend angesichts eines Verbrechens, das die Grundlagen unserer seit 70 Jahren gewachsenen Demokratie in Frage stellt.

Tatsächlich hat die Tat mehr ausgelöst als Entsetzen und Erbitterung, nur leider kaum in der Mehrheitsgesellschaft. Der Minderheit selbst bleibt es überlassen, darüber nachzudenken, ob und wie es nun weitergehen soll mit dem jüdischen Leben in diesem Land. »Packen wir die Koffer?«, hat der in München lehrende Historiker Michael Brenner, Sohn zweier Überlebender des Holocaust, drei Tage nach dem Anschlag in der *Süddeutschen Zeitung* gefragt. Die Diskussion seines Textes in unserem Jenaer Doktorandenseminar ließ niemanden unberührt: weil alle wussten, dass Brenners kurzer Durchgang durch die Geschichte des Antisemitismus in der Bundesrepublik nur die schlimmsten Anschläge und »Vorkommnisse« benennen konnte; weil allen noch viel mehr einfiel, was das Bild immer wieder eintrübte in all den Jahrzehnten, die seit John McCloys berühmter Mahnung vergangen sind.

»Einer der wirklichen Prüfsteine für den Fortschritt Deutschlands«, so hatte der amerikanische Militärgouverneur im Sommer 1949 festgestellt, werde sein, wie die jüdische Gemeinschaft »ein Teil des neuen Deutschlands wird und mit ihm verschmilzt«. Was bleibt von diesem Ausdruck der Hoffnung, wenn Michael Brenner nun sagt, es sei an der Zeit, die sprichwörtlichen, seit langem ausgepackten Koffer wieder vom Dachboden zu holen, weil der Tag vielleicht nicht mehr weit sei, »an dem wir sie brauchen«?

Gewiss, es gibt auch andere Stimmen: Zornige wie die von Richard C. Schneider, dem gebürtigen Münchner und langjährigen ARD-Korrespondenten in Tel Aviv, der in der *Zeit* von »lächerlichen Mahnwachen« sprach und erklärte, wegen des wachsenden Antisemitismus in Deutschland schon vor zwei Jahren nach Israel gezogen zu sein. Und es gibt Stimmen von brachialer Nüchternheit wie die von Natan Sznaider, der in der *Neuen Zürcher Zeitung* konstatierte, die Juden übten im heutigen Deutschland, anders als in der Nachkriegszeit, keine »symbolische Funktion« mehr aus. Aber nicht allein deshalb sei die »Drohung, die Koffer wieder zu packen«, gegenüber »wohl 80 Prozent der Menschen in Deutschland« unangebracht: Sie lasse, so der in Mannheim aufgewachsene Soziologe aus Tel Aviv, nur die »restlichen 20 Prozent triumphieren, die gerne ein einfaches und primitives Leben der Homogenität führen wollen«.

Sznaiders Position ist die des Wissenschaftlers, der sich in Berlin und München genauso lehrend und forschend bewegt wie in den USA; es ist der inzwischen nicht selten abschätzig apostrophierte Blick der »Anywheres« auf die »Somewheres«, der Kosmopoliten auf die Provinz. Wenn Sznaider den Juden in Deutschland nun empfiehlt, nicht »einer verlorenen Heimat nachzuweinen«, sondern »Formen der Heimatlosigkeit als neue, sich öffnende chancenreiche Perspektive« zu begreifen, dann mag das manchen als ein bitterkluger Rat erscheinen. Für die besagten 80 (oder weniger?) Prozent der nichtjüdischen Mehrheit allerdings kann es nur heißen, endlich entschlossen für ihre jüdische Minderheit einzutreten: Weil der Gedanke einfach unerträglich ist, dass sich Juden in Deutschland 81 Jahre nach der »Reichskristallnacht« nicht zu Hause fühlen können, dass sie erneut die Koffer packen.

Was daher nottut, ist mehr als polizeiliche Aufrüstung gegen rechts. Dass diese dringend geboten ist – im Netz wie auf der Straße –, scheinen die Innenbehörden von Bund und Ländern mittlerweile zu begreifen, und nach dem Abgang von Hans-Georg Maaßen gelingt das womöglich sogar dem Verfassungsschutz. Die Zeiten, in denen man dort notorisch nach links blickte und viel zu wenig nach rechts, müssen endgültig einer Vergangenheit angehören, die älter ist als die Bundesrepublik.

Aber es genügt nicht, mit den Mitteln des Strafrechts gegen antisemitische Äußerungen und Taten vorzugehen; es genügt nicht, Menschen unter Beobachtung halten zu wollen, die sich längst zu Judenfeindschaft, Hass und Gewalt bekennen. Wir müssen jene erreichen, die gerade dabei sind, sich in Ressentiments und Missgunst einzurichten, die noch auf dem Weg sind in eine Welt der Vorurteile und Verschwörungstheorien.

Was es dazu braucht, wissen wir seit langem – so lange schon, dass uns die einschlägigen Begriffe wie aus der Zeit gefallen erscheinen. Aber wir haben keine besseren: Aufklärung, Bildung, Erziehung.

Es ist deshalb auch kein Zufall, dass ein vor mehr als einem halben Jahrhundert gehaltener Vortrag von Theodor W. Adorno über »Aspekte des neuen Rechtsradikalismus« seit Monaten auf den Bestsellerlisten steht; es ist kein Zufall, dass nicht nur Historiker sich wieder für das »Gruppenexperiment« interessieren, mit dem das aus dem amerikanischen Exil zurückgekehrte Frankfurter Institut für Sozialforschung dem Antisemitismus nach Hitler und der »autoritären Persönlichkeit« auf die Spur zu kommen suchte. Auch Adornos klassischer Aufsatz über »Erziehung nach Auschwitz« (1966) wird, und das ist gut so, wieder viel gelesen: Weil er uns lehrt, dass Demokratie und Toleranz, Menschenrechte und Minderheitenschutz keine aus sich selbst heraus auf Dauer gestellten Werte sind, sondern immer wieder neu vermittelt und vor allem (vor)gelebt werden müssen.

Politische Bildung ist gesellschaftliche Herzensbildung; sie ist, und auch darüber hat Adorno klarer als andere geschrieben und gesprochen, als Aufgabe so unabschließbar wie die kritische Auseinandersetzung mit unserer Vergangenheit.

8. November 2019

Mitten unter uns

Die Sehnsucht nach dem Schlussstrich und die Logik der Antisemiten: Der Hass auf die Juden wächst, weil diese nicht vergessen wollen

Rituale können nerven. Aber sie können auch Orientierung bieten in nervösen Zeiten. Zu den wenigen historisch-politischen Ritualen, die dieses Land pflegt, gehört der »Tag des Gedenkens an die Opfer des Nationalsozialismus«. Erst 1996 von Bundespräsident Roman Herzog eingeführt – ein halbes Jahrhundert nach dem Ende der NS-Herrschaft –, hat der 27. Januar nach rumpeligen Anfängen seine Form gefunden. Die Besonderheit dieses staatsprotokollarisch herausgehobenen Vormittags im Parlament entsteht durch die Präsenz eines Gastes, der meist aus persönlichem Erleben Zeugnis ablegt von den Verbrechen, die Deutsche während des Zweiten Weltkriegs in Deutschland und in ganz Europa begangen haben.

So auch in diesem Jahr, als Inge Auerbacher berührend anschaulich über ihre verlorene Kindheit im Konzentrationslager Theresienstadt sprach, wohin sie mit ihren Eltern im Sommer 1942 deportiert worden war.

Wer genau genug zuhörte, spürte hinter den Schilderungen aus der Perspektive des damals siebenjährigen jüdischen Mädchens aus Kippenheim am Rande des Schwarzwalds allerdings auch die Sorge angesichts einer Zukunft, in der es niemanden mehr geben wird, der aus eigener Erinnerung sprechen kann. »Die Vergangenheit darf nie vergessen werden«, rief die Überlebende des Holocaust am Ende ihrer Rede in den Plenarsaal. Der Beifall war groß.

Wolfgang Reinhard kam ebenfalls am Rande des Schwarzwalds zur Welt, in Pforzheim; er ist Neuzeithistoriker und gut zwei Jahre jünger als die Chemikerin Inge Auerbacher. Beide waren bei Kriegsende also noch Kinder, aber ihre Schlussfolgerungen aus dieser Kindheit könnten heute kaum unterschiedlicher sein. Wo Auerbacher sich gegen das Vergessen stemmt, redet ihm Reinhard das Wort. Am Ende eines sardonischen Traktats über die hierzulande angeblich herrschende »Holocaust-Orthodoxie«, das die FAZ im Vorfeld des Gedenktags prominent platzierte, behauptet Reinhard: »Niemand wird also ›den Deutschen‹ jemals verzeihen. Keine Zerknirschung kann ihnen helfen. Sie haben keine andere Wahl, als die Folgen ihrer Geschichte auszuhalten. Sie können höchstens langfristig auf natürliches Vergessen hoffen.«

Die analytisch verbrämte kalte Wut dieses Textes speist sich offensichtlich aus Reinhards Erkenntnis, dass dieses Vergessen zu seinen Lebzeiten wohl nicht eintreten wird. Wie auch? Es ist ja, wie er zu wissen glaubt, Folge eines den Deutschen eigentlich fremden, erst seit den siebziger Jahren von außen aufgezwungenen Erinnerns: »Während das jüdische Gedächtnis der heiligen Pflicht zur Erinnerung unterlag, folgte das deutsche zunächst der üblichen Erleichterung durch Vergessen und musste pflichtgemäße Erinnerungskultur jüdischer Art überhaupt erst lernen.«

Solche Töne sind natürlich alles andere als neu. Auf der Klaviatur des doktrinären DDR-Antifaschismus gab es dafür einfach keine Tasten, aber in der windungsreichen Geschichte der selbstkritischen Auseinandersetzung mit der NS-Vergangenheit in der alten Bundesrepublik erklangen sie immer wieder als Gegenmelodie: von der Ignoranz gegenüber den zeithistorischen Arbeiten und Initiativen jüdischer Überlebender – etwa Joseph Wulfs frühem Vorschlag eines

Dokumentationszentrums in der Wannseevilla – über die Relativierungsversuche im Historikerstreit der achtziger Jahre bis hin zu Martin Walsers Klage über die »Auschwitz-Keule« in seiner Friedenspreisrede 1998.

Wenn Reinhard, der sich als Globalhistoriker begreift, nun einen unabänderlichen Gegensatz dekretiert zwischen »jüdischem« und »deutschem Gedächtnis«, dann ruft er damit ein Thema auf, das vor mehr als 30 Jahren im Zentrum eines zu Recht vielzitierten Briefwechsels zwischen Martin Broszat und Saul Friedländer stand. Doch im Unterschied zu damals und entgegen dem Eindruck, den er zu erwecken sucht, geht es ihm nicht um geschichtstheoretische Reflexion, sondern um eine erinnerungspolitische Koordinatenverschiebung. Unter ausdrücklicher Zustimmung zu Höckes skandalösem Wort über das Berliner Denkmal für die ermordeten Juden Europas (»Denkmal der Schande«) raunt er über »Inhaber der deutschen Deutungshoheit«, die eine »ewige Schuld Deutschlands« postuliert und »juristisch, medial, sozial sowie vor allem moralisch festgeschrieben« hätten.

Manche mögen geneigt sein – zumal unter dem Eindruck der weltumarmenden Rede von Inge Auerbacher –, über solche Sätze achselzuckend hinwegzugehen; oder sie als trauriges Selbstzeugnis eines alt und bitter gewordenen Kriegskinds beiseitezulegen, dessen alleinige Empathie der »vertriebenen und vergewaltigten Kriegerwitwe« gilt, von der nach 1945 niemand »ernsthaft ein Schuldbekenntnis für die deutschen Verbrechen« habe erwarten können. Dagegen spricht allerdings nicht nur, dass Reinhard mit diesen Ansichten im vergangenen Sommer vor dem »Politischen Bildungsforum Sachsen« der Konrad-Adenauer-Stiftung aufgetreten ist, wo es um »Mut zur Bildung« gehen sollte. Dagegen spricht auch, dass seine Suada auf einen in der Pandemie womöglich noch wachsenden, sich jedenfalls immer ungehemmter artikulierenden Antisemitismus trifft. Man denke nur an die Impfgegner mit Judenstern an der Brust.

Die in den letzten Jahren ermittelten Zahlen der Demoskopen unterscheiden sich nur geringfügig: Etwa ein Fünftel der Erwachsenen in diesem Land ist der Meinung, dass Juden in der Finanzwelt, in Politik und Medien »zu viel Einfluss« haben, und unter den 18- bis 29-Jährigen glauben das laut der neuesten Studie sogar fast 30 Prozent. Dazu passt, dass zwei Fünftel der Befragten die Meinung von Professor Reinhard teilen, wonach »die Juden« zu viel vom Holocaust reden. Damit tragen sie, so sollen wir folgern, am Unglück des Antisemitismus selbst die Schuld.

»Der Antisemitismus ist mitten unter uns«, hat die Präsidentin des Bundestags in der Gedenkstunde gesagt. Er finde sich, so Bärbel Bas, »nicht nur am äußersten Rand, nicht nur bei den ewig Unbelehrbaren und ein paar antisemitischen Trollen im Netz«. Er sei vielmehr ein Problem unserer »ganzen Gesellschaft«. Das sind klare Worte, die nach Taten verlangen. Sonst bleiben sie Ritual.

4. Februar 2022

Wiedergutmachung

Der Begriff war schon immer problematisch. Heute stoßen sich viele daran. Aber der Gedanke bleibt richtig – und auf verstörende Weise aktuell

In aller Vorsicht sondieren ein paar Deutsche und Israelis über Möglichkeiten der Entschädigung. Den heimlichen Kontakten folgen monatelange Verhandlungen, offiziell und zäh. Doch kurz vor dem Treffen zwischen den Hinterbliebenen des Terrors und den politischen Spitzen des Landes droht der Eklat. – Nein, hier geht es nicht um den 5. September 2022. Die Sätze beziehen sich nicht auf den geplanten Gedenkakt für die elf Israelis, die bei den Olympischen Spielen in München vor 50 Jahren in die Gewalt eines Palästinenserkommandos gerieten und getötet wurden, neun davon erst während des katastrophal gescheiterten Versuchs ihrer Befreiung auf dem Flugplatz von Fürstenfeldbruck. Die Beschreibung verweist vielmehr zwei Jahrzehnte weiter zurück: auf den Weg zum sogenannten Wiedergutmachungsabkommen, das Bundeskanzler Konrad Adenauer und Israels Außenminister Moshe Sharett am 10. September 1952 in Luxemburg unterzeichneten und dessen 70. Jahrestag demnächst ebenfalls gewürdigt werden soll.

Und doch ist man beinahe geneigt, an Wiederholungszwang zu glauben. Denn heute wie damals stehen Schuldfragen unbeantwortet im Raum, wird hart um finanzielle Leistungen gerungen und fühlen sich Angehörige der Opfer aufs Neue verletzt angesichts deutscher Knauserigkeit. Heute wie damals geht es um die Anerkennung von Leid – und darum, dass die Bundesrepublik vor aller Welt Verantwortung übernimmt.

Dass Mord, gar Völkermord, »wiedergutgemacht« werden kann, das glauben inzwischen wohl nur noch wenige. In der Bundesrepublik der fünfziger Jahre allerdings nährten die Fürsprecher der Wiedergutmachung durchaus Erwartungen, dass es auf diese Weise zu einer baldigen »Versöhnung« mit den Juden kommen werde. Israelische Politiker dagegen sprachen von Anfang an bewusst neutral von »Zahlungen« (Shilumim), die nichts vergeben und vergessen machten. Auf beiden Seiten suchten die Regierenden jene Teile der eigenen Bevölkerung zu besänftigen, die – aus freilich gegensätzlichen Gründen – den Gedanken einer finanziellen Entschädigung für die Verbrechen des »Dritten Reiches« ablehnten: viele Israelis, weil sie das »Blutgeld« der verhassten Deutschen verachteten; viele in ihrem Antisemitismus verharrende Deutsche, weil sie sich selbst als notleidend, ja als die eigentlichen Opfer des Krieges sahen.

Wie umstritten das Projekt der Wiedergutmachung sogar in Adenauers Koalitionskabinett war, zeigt ein Blick in die (ansonsten meist kargen) Sitzungsprotokolle: Noch zwei Tage vor der Vertragsunterzeichnung in Luxemburg lieferte sich Finanzminister Fritz Schäffer ein derart bitteres Wortgefecht mit dem Kanzler, dass ein Eklat nur mit Mühe abzuwenden war. Als einer der härtesten Gegner des ausverhandelten Vertrags hatte Schäffer ein halbes Jahr zuvor sämtliche Oberfinanzdirektionen der Republik angewiesen, die während der Schwarzmarktzeit von Juden begangenen Steuer- und Devisendelikte zu erfassen. Ziel dabei war es, so der Historiker Constantin Goschler, eine Gegenrechnung zu den jüdischen Entschädigungsforderungen aufzumachen. Doch dagegen rebellierte schließlich sogar Schäffers eigenes Ministerium.

Jetzt missfiel dem CSU-Politiker nicht nur der Text der Präambel, der die »unsagbaren Verbrechen gegen das jüdische

Volk« beklagte und die von Israel getragene »schwere Last« anerkannte, die mit der Eingliederung der entwurzelten und mittellosen jüdischen Flüchtlinge verbunden war. Mehr noch monierte er als zuständiger Ressortchef die fehlende Deckung der vorgesehenen ersten Jahresrate von 200 Millionen D-Mark. Außerdem, so Schäffer, hätten die zugesagten Leistungen – insgesamt 3,45 Milliarden D-Mark über 14 Jahre – »wesentlich niedriger gehalten werden können, wenn die Einwanderer aus nicht-deutschen Ländern außer Betracht geblieben wären«. Auf wen sich diese Kaltherzigkeit bezog, ließ das Protokoll offen. Vermutlich meinte der Minister Juden aus Osteuropa, die dem Holocaust entkommen waren und inzwischen in Israel lebten.

Wegen anhaltender Kritik aus den eigenen Reihen brachte Adenauer das Abkommen ein halbes Jahr später nur dank der Unterstützung der sozialdemokratischen Opposition durch den Bundestag. Erst jetzt, im März 1953, waren neben den Leistungen an Israel auch die von Nahum Goldmann verhandelten Zahlungen an jüdische Organisationen in aller Welt gesichert, die sich zur Claims Conference zusammengeschlossen hatten und Ansprüche auf sogenanntes erbenloses Vermögen geltend machten. Nicht zuletzt deshalb war das Abkommen ein politisch-moralischer Meilenstein in der Fortentwicklung des internationalen Rechts: Erstmals hatte eine junge Demokratie in der Nachfolge eines Gewaltregimes für dessen Großverbrechen völkerrechtlich bindend Verantwortung übernommen.

Für die deutsch-israelischen Beziehungen, die offiziell erst im Mai 1965 aufgenommen werden sollten, erwies sich das Wiedergutmachungsabkommen als ein entscheidender Schritt. Von nun an war man im Gespräch: nolens volens, allen Schwierigkeiten und begreiflichen Befangenheiten zum

Trotz. Die zähe Praxis der Rückerstattung von »arisiertem« Vermögen trug dazu ebenso bei wie die bürokratisch weiterentwickelte Individualentschädigung von NS-Verfolgten, um die sich natürlich auch die in Israel lebenden deutschen Juden bemühten. »Wiedergutmachung« wurde zu einem komplizierten, oftmals ernüchternden und – entgegen einstigen Prognosen – bis heute nicht abgeschlossenen gesellschaftlichen Lernprozess.

Gleichwohl haben sich die Dinge in sieben Jahrzehnten sehr verändert. Wer sich davon einen Eindruck verschaffen will, der gehe auf die Homepage des Bundesfinanzministeriums. Dort feiert Christian Lindner, von der Öffentlichkeit unbemerkt, seit Anfang Juni das »Gedenkjahr der Wiedergutmachung 2022«. Millionen von Akten sollen in den nächsten Jahren auf einem »Themenportal Wiedergutmachung« zusammengeführt werden. Ein »einmaliges Dokumentenerbe« für die Forschung, »vor allem aber gegen das Vergessen«, so Lindner. In Zeiten, in denen manche das Erinnern zu einer »Frage des politischen Anstands« verzwergen wollen, ist das fast ein Statement.

19. August 2022

Boykott

Vor 90 Jahren rief das NS-Regime die »Volksgenossen« dazu auf, sich gegen die Juden zu »wehren«. Grund genug, der Parole in Deutschland mit Vorsicht zu begegnen

Die Litfaßsäule ist auf den Straßen und Plätzen unserer Städte selten geworden, schließlich tragen wir ihr digitales Äquivalent alle mit uns herum. Vor neunzig Jahren war sie ein schnelles Medium, besser noch als Presse und Rundfunk dazu angetan, viele Menschen schlagartig zu erreichen, sei es mit klassischer Reklame oder mit politischer Wahlwerbung. Oder mit einem Aufruf zum Boykott, wie ihn die Nationalsozialisten für den 1. April 1933 plakatierten, zum Beispiel in Berlin: »Bis Sonnabend 10 Uhr früh hat das Judentum Bedenkzeit«, hieß es dort, scheinbar nur drohend, in Wirklichkeit längst beschlossen. Und weiter, so oder so ähnlich fast überall im Reich: »Dann beginnt der Kampf. Die Juden in aller Welt wollen Deutschland vernichten! Deutsches Volk! Wehr Dich! Kauf nicht beim Juden!«

Die Geschichte des Boykotts gegen jüdische Kaufhäuser, Geschäfte, Ärzte und Anwälte führt direkt hinein in den Prozess der Zerstörung einer Demokratie, den Victor Klemperer, der Dresdner Romanist, in seinem berühmt gewordenen Tagebuch ebenso entsetzt wie präzise festhielt. »Es ist erschütternd, wie Tag für Tag nackte Gewalttat, Rechtsbruch, schrecklichste Heuchelei, barbarische Gesinnung ganz unverhüllt als Dekret hervortritt«, konstatierte er kurz vor der Verabschiedung des Ermächtigungsgesetzes am 23. März 1933. Von den demokratischen Parteien im letzten halbwegs frei gewählten Reichstag (die Abgeordneten der KPD waren bereits verhaftet oder untergetaucht) stimmte allein noch die SPD gegen diese Selbstaufgabe. Eine Woche später dann, den angekündigten Boykott vor Augen, notierte der zum Protestantismus konvertierte, durchaus national denkende Sohn eines Reformrabbiners: »Ich empfinde eigentlich mehr Scham als Angst, Scham um Deutschland. Ich habe mich wahrhaftig immer als Deutscher gefühlt. Und ich habe mir immer eingebildet: 20. Jahrhundert und Mitteleuropa sei etwas anderes als 14. Jahrhundert und Rumänien. Irrtum.«

Antijüdische Proteste, Ausschreitungen von SA-Trupps und lokale Boykottaktionen von Nationalsozialisten hatte es auch schon in der Weimarer Republik gegeben. Aber seit Hitler Reichskanzler war, stiegen die diesbezüglichen Erwartungen der braunen Basis. Vor allem der »NS-Kampfbund für den gewerblichen Mittelstand« machte Druck, neben notorischen Radikal-Antisemiten wie dem Nürnberger Gauleiter Julius Streicher, der mit Billigung der Parteiführung schließlich an der Spitze des »Zentralkomitees zur Abwehr der jüdischen Greuel- und Boykotthetze« stand.

Der Name war verräterisch. Denn noch glaubten Hitler und Goebbels, Letzterer als der intellektuelle Regisseur der Aktion, nicht ohne Vorwand agieren zu sollen. »Viele lassen die Köpfe hängen und sehen Gespenster. Sie meinen, der Boykott würde zum Krieg führen«, räumte der Propagandaminister in seinem Tagebuch ein. Also lenkte der gewiefte Journalist das Augenmerk der deutschen Presse auf die Proteste, die es, unterstützt von deutschen Emigranten, seit Wochen vor allem in den USA gegen den Terror und die antijüdische Gewaltpolitik der Hitler-Regierung gegeben hatte, gipfelnd in einer Großveranstaltung im New Yorker Madison Square Garden am 27. März. Die Demonstrationen, bei denen hier und da auch ein Boykott deutscher Waren gefordert wurde, dienten Goebbels nun in einer Rundfunkansprache als Begründung gegenüber jenem Teil der Deutschen, der, aus welchen Gründen auch immer, nicht einverstanden war: »Ich entwickle noch einmal die ganze Situation und die Notwendigkeit, die uns den Boykott fast unabwendbar aufzwingt. Diese Rede wird im ganzen Lande aufklärend wirken.«

Tatsächlich war es mit dem Aufklärungserfolg nicht weit her. Überall im Reich erledigten sparsame deutsche Hausfrauen ihre Einkäufe im Zweifelsfall vor Boykottbeginn, und noch am Vorabend der Aktion belauschte Klemperer im Kino ein junges »arisches« Pärchen, das angesichts der Reklame eines von den beiden als »jüdisch« identifizierten Kaufhauses in einen Disput über das Preis-Leistungs-Verhältnis der dort angebotenen Waren geriet. Am nächsten Vormittag strömten die Dresdner, wie Klemperer beobachtete, »durch die Prager Straße und sahen sich das an«: Mit Schildern bewaffnete SA-Leute vor jüdischen Warenhäusern und Ladengeschäften. »Das war der Boykott.«

Für das Regime war die Bilanz der Aktion ernüchternd und lehrreich zugleich. Ernüchternd, weil die Fotos von grinsenden SA-Posten vor jüdischen Warenhäusern und Ladengeschäften den internationalen Imageschaden für das Regime und die deutsche Wirtschaft nur vergrößerten. Denn natürlich berichtete die in Berlin akkreditierte Auslandspresse ausführlich über die neuen Diskriminierungen. Lehrreich, weil sich gezeigt hatte, dass die von ihrem »Führer« begeisterte »Volksgemeinschaft« nicht Krawall, sondern »Recht und Ordnung« liebte; auch deshalb bewegte sich die antijüdische Politik des Regimes in den nächsten Jahren, ungeachtet stets zu gewärtigender Gewalt- und Propagandaaktionen an der Basis, hauptsächlich in den Formen gesetzlichen Unrechts. Die »Reichskristallnacht« 1938 war noch einmal ein Test auf die womöglich gewachsene

Akzeptanz einer vernichtungswütigen Judenpolitik. Über alle weiteren Schritte auf dem Weg in den Holocaust suchte man die Öffentlichkeit dann, so gut es ging, zu täuschen. Je länger der Krieg dauerte, umso schlechter ging das.

Wem nur einigermaßen klar vor Augen steht, was mit dem »Judenboykott« von 1933 in Deutschland begann, der kann sich eigentlich nur wundern, wie unbekümmert auch hierzulande, besonders in den Universitäten, manche die Parole im Munde führen, wenn es um Israel geht. Die Boykottbewegung BDS wird nicht akzeptabler, nur weil jeder Widerspruch und jede Form zivilen Ungehorsams gegen die verheerende Politik der Netanjahu-Regierung dringend geboten ist. Boykott ist auch deshalb das falsche Mittel, weil er am meisten jene träfe, die sich in den Straßen von Tel Aviv gegen die Abschaffung der Gewaltenteilung stemmen, ja gegen das Ende der Demokratie: Wissenschaftler, Kulturschaffende und all jene, die immer schon gegen die Siedlungspolitik in den besetzten Gebieten und für die vollen, gelebten Bürgerrechte der arabischen Israelis eintreten.

31. März 2023

Tätervolk

Manche glauben, Palästina von »deutscher Schuld« befreien zu müssen. Wer so denkt, hat die Geschichte der Nazizeit nicht begriffen – und auch nicht die Geschichte Israels

Vielleicht habe ich ja die falschen Freunde. Aber alle in Israel, mit denen ich seit vielen Jahren zusammenarbeite und die ich jetzt spreche, sind auf andere Weise erschüttert, als es sich die Antisemiten aller Couleur, hier und anderswo, vorstellen. Meine Kolleginnen und Kollegen sind, wie hoffentlich jeder fühlende und denkende Mensch, noch immer aufgewühlt durch das, was die Mörderbanden der Hamas vor einem Monat im israelischen Grenzgebiet zum Gazastreifen angerichtet haben. Doch sie sind auch entsetzt über die Folgen einer Tat, die, um es in den berühmten Worten von Hannah Arendt zu sagen, »nicht hätte geschehen dürfen«. Sie fürchten, dass es nicht gelingt, die verschleppten Geiseln lebend zu befreien. Sie beklagen, wie viele Tote der unausweichliche Krieg gegen die Hamas in Gaza fordert, was er für die Menschen dort, für die arabischen Israelis und für die Palästinenser im besetzten Westjordanland bedeutet. Und ihre Sorge ist, so schrieb mir gerade ein Historikerkollege aus Jerusalem, dass die antijüdischen Demonstrationen und Diskurse in Europa und den USA die radikalen Kräfte in Israel stärken werden: »Die aktuelle Runde der Gewalt ist entsetzlich, aber noch mehr Angst habe ich vor dem Israel, das daraus hervorgehen wird.«

Es ist diese Nachdenklichkeit der linken und liberalen, seit Jahrzehnten für Frieden und Ausgleich mit den Palästinensern eintretenden jüdischen Israelis, die die Hamas und die hinter ihr stehenden Kräfte schon immer am meisten stört. Aber auch hierzulande gibt es viele, denen jeder emphatische Blick auf Israel und die israelische Gesellschaft ein Gräuel ist: Neben den gewöhnlichen Antisemiten, den eingeschworenen Islamisten und den indoktrinierten muslimischen Jugendlichen gehören dazu leider auch die verwirrten Enkel und Urenkel der Täter, Gaffer und Mitläufer der Nazi-Zeit, die nun auf deutschen Straßen »Free Palestine from German Guilt« skandieren. Hätten sie nur ein wenig Ahnung von ihrer eigenen deutschen, von der jüdischen und der israelischen Geschichte und von den schier unüberwindlich erscheinenden Schwierigkeiten, mit denen der deutsch-jüdisch-israelische Neuanfang in den ersten Dekaden nach 1945 verbunden war, sie könnten so nicht reden.

Die moralische Bankrotterklärung dieser Nachgeborenen, die in der Vorstellung zum Ausdruck kommt, es gelte, Palästina – und damit letztlich auch sich selbst – von der »deutschen Schuld« zu befreien, hat lange Wurzeln. Sie reichen noch vor den Holocaust zurück: bis in die vernichtungswütigen Anfänge der Kollaboration zwischen dem Hitler-Regime und dem antizionistischen Großmufti von Jerusalem, Mohammed Amin al-Husseini. In diesen Kontext gehören auch die »emigrierten« alten Nazis, die Anfang der fünfziger Jahre als Militärberater und Raketenspezialisten im arabischen Nahen Osten tätig waren.

Hier freilich mag es genügen, bis zum Sechstagekrieg vom Juni 1967 zurückzugehen, der zeitlich nahezu zusammenfiel mit dem Beginn der Studentenrevolte nach dem Polizeimord an Benno Ohnesorg auf einer Demonstration gegen den Schah-Besuch in Berlin. Während die einstigen deutschen Landser, munitioniert von Springers *Bild*, die israelischen Streitkräfte ob ihres Blitzsiegs über Ägypten, Jordanien und Syrien bestaunten, ging die sich radikalisierende Protestjugend auf Distanz. Viele, die eben noch Israels Kibbuzim als Beispiele für gelebten Sozialismus bewundert, im Rahmen der »Aktion Sühnezeichen« vielleicht sogar dort gearbeitet hatten, schärften nun ihren Blick für die Lage der Palästinenser in den besetzten Gebieten. Und beträchtlichen Teilen der bundesrepublikanischen Linken – nicht nur jener Minderheit, die schließlich den Weg in den Terrorismus nahm –, gelang es schon bald, im Zionismus nichts anderes mehr zu sehen als einen gegen die Palästinenser gerichteten Rassismus.

So war es nur auf fürchterliche Weise folgerichtig, wenn die »Tupamaros West-Berlin« am 9. November 1969 eine Bombe im Jüdischen Gemeindehaus an der Fasanenstraße deponierten, wo an diesem Abend 250 Menschen zum Gedenken an die Novemberpogrome zusammenkamen. Dieter Kunzelmann, Anführer der selbsterklärten »Stadtguerilla«, glaubte mit dem Anschlag die Protestbewegung von ihrem »Judenknax« kurieren zu müssen. Der Sprengsatz, geliefert von einem V-Mann des Berliner Verfassungsschutzes, funktionierte zwar nicht, aber Kunzelmann, ein notorischer Antisemit, erklärte nachher seinen Punkt: Es ging ihm darum, »unseren simplen Philosemitismus« zu ersetzen durch Solidarität mit jenen Palästinensern, die »den Kampf gegen das Dritte Reich von gestern und heute und seine Folgen« aufgenommen hätten.

Von solchen Sätzen, die nichts mehr zu tun hatten mit einer Kritik der »unbewältigten Vergangenheit«, aus der sich der Protest der »Achtundsechziger« ursprünglich speiste, ist es nicht weit zur Logik der Opferumkehr unserer Tage. Diese geht einher, wie Seyla Benhabib soeben zu Recht kritisierte, mit einer postkolonialen Terminologie, die den Staat Israel als das Ergebnis eines »Siedlerkolonialismus« begreift und den Terrorangriff der Hamas vom 7. Oktober zu einem Akt legitimen Widerstands gegen die Besatzungsmacht verklärt. Der Text der in Yale lehrenden politischen Philosophin ist die Antwort auf

»Philosophy for Palestine«, die Erklärung einer Gruppe überwiegend amerikanischer Professorinnen und Professoren, die kein Wort über die jüdischen Opfer der Hamas verlieren, die aber glauben, im »Massaker« der Israelis in Gaza einen sich »entfaltenden Genozid« zu erkennen.

Wo es eine derart entgrenzte Sprache sogar in – auch hierzulande vielfach geteilte – Manifeste von Philosophen schafft, muss man sich über die Slogans in den Straßen von Neukölln und über die Sprechchöre der postkolonialen Jugend vor dem Auswärtigen Amt nicht mehr wundern. Aber man ist dankbar, dass es in den Reihen der Ampel mit Robert Habeck wenigstens einen gibt, der dazu rhetorisch und intellektuell das ebenso Nötige wie Selbstverständliche zu sagen versteht. Schade nur, meinte ein israelischer Freund am Telefon, dass damit auch der Vizekanzler drei Wochen auf sich warten ließ.

11. November 2023

Resolutionskriege

Der gegenwärtige Streit um die Definition von Antisemitismus erscheint vielen als sehr deutsch. Aber er hat eine lange und internationale Vorgeschichte

Die drei südamerikanischen Delegierten, ein paar Sitzreihen vor uns, schienen sich zu langweilen. Jedenfalls bestaunten sie, statt den feierlichen Reden unten im Bühnenrund zu folgen, lieber wechselseitig ihre Mitbringsel aus der winterlichen Stadt. Was auf dem »Stockholm International Forum on the Holocaust« im Januar 2000 verhandelt wurde, war, so konnte man die Szene deuten, aus ihrer Perspektive kein drängendes Problem. Faktisch aber hatte Schwedens Ministerpräsident Göran Persson schon mit der Einladung zur Konferenz Weichen gestellt: Im Zeichen des euphorischen Menschenrechtsaktivismus und Universalismus zu Anfang des neuen Jahrhunderts war es ihm gelungen, nicht nur die Europäer und die USA, sondern auch einige Staaten des (damals noch nicht so genannten) »globalen Südens« in seine Pläne einzubinden. Mit der »Stockholmer Erklärung« suchte der Sozialdemokrat – gewissermaßen von der nördlichen Peripherie aus –, das Wissen über den Judenmord im Zweiten Weltkrieg zu vertiefen und die Erinnerung an das Menschheitsverbrechen als ein Mittel zur Prävention neuer Genozide zu etablieren.

Inzwischen zählt die damals als »Task Force« ins Leben gerufene International Holocaust Remembrance Alliance (IHRA) 35 Mitgliedsstaaten, neun weitere Länder haben einen »Beobachterstatus«. Doch bis vor ein paar Jahren operierte die intergouvernementale Organisation ziemlich unbeachtet von der Öffentlichkeit. Das änderte sich, nachdem das Bündnis im Mai 2016 eine »Arbeitsdefinition von Antisemitismus« verabschiedet hatte, die unter Fachleuten teils trotz, teils wegen ihrer Vagheit von Anfang an Stirnrunzeln hervorrief: »Antisemitismus ist eine bestimmte Wahrnehmung von Jüdinnen und Juden, die sich als Hass gegenüber Jüdinnen und Juden ausdrücken kann.«

Zu erstem lauten Widerspruch gegen die IHRA-Formel kam es 2018 in Großbritannien, als der Labour Party unter Jeremy Corbyn vorgeworfen wurde, ihr ätzender Ton gegenüber Israel sei »institutionell antisemitisch«. Nach monatelangem Hin und Her ließ Corbyn sich dann doch herbei, die angeblich zu enge Stockholmer Definition zu akzeptieren. In deren Erläuterungen beziehen sich zwar auffallend viele Beispiele auf Israel, aber es heißt dort auch: »Kritik an Israel, die mit der Kritik an anderen Ländern vergleichbar ist«, könne nicht als antisemitisch betrachtet werden.

In der Bundesrepublik ist der Begriff »Israelkritik« schon lange umkämpft. Spätestens seit der Affäre um den FDP-Politiker Jürgen Möllemann (2002/03) steht eigentlich ständig die Frage im Raum, wann Kritik an der israelischen Regierung und ihrer Besatzungspolitik in Antisemitismus übergeht. Einen Höhepunkt erreichten diese Diskussionen 2020, als Achille Mbembe die Eröffnungsrede auf der (am Ende wegen Covid abgesagten) Ruhrtriennale halten sollte. Die breite Debatte um die offenkundige Nähe des kamerunischen Postkolonialismus-Historikers zur antiisraelischen Boykottbewegung BDS unterschied sich von früheren Auseinandersetzungen allerdings durch einen neu hinzugetretenen Akteur: den zu Jahresanfang 2018 berufenen Antisemitismusbeauftragten der Bundesregierung.

Fast sieben Jahrzehnte nach Gründung der Republik hatte die Große Koalition unter Angela Merkel ein Amt geschaffen, dessen Einrichtung Konrad Adenauer schon 1949 erwogen, dann aber abgeblasen hatte – hauptsächlich wohl, weil ein »Judenreferent« im Innenministerium damals fatale Erinnerungen geweckt hätte. Nun lag Derartiges offenbar nicht mehr nahe, ein »Beauftragter der Bundesregierung für jüdisches Leben in Deutschland und den Kampf gegen Antisemitismus« aber augenscheinlich in der Logik all der anderen Sonderbeauftragten, die sich die deutsche Exekutive leistet.

Felix Klein, der Inhaber des neuen Postens, warf sich mit Verve in den Streit um Mbembe, und es ist gewiss nicht übertrieben zu sagen, dass dies den Schlagabtausch verschärfte. Allein das Faktum, dass ein Beamter eine Art Gutachterrolle beanspruchte, trieb Intellektuelle auf die Barrikaden. Das umso mehr, als der Bundestag im Jahr zuvor unter Hinweis auf die IHRA-Definition eine gewiss gut gemeinte, aber nicht gut gemachte Entschließung verabschiedet hatte, die sich gegen die BDS-Bewegung richtete, von vielen Wissenschaftlerinnen und Künstlern aber als Einfallstor für Gesinnungsschnüffelei und Zensur gewertet wurde.

Seit der »Initiative GG 5.3 Weltoffenheit«, der sich gegen Jahresende 2020 etliche Kulturinstitutionen angeschlossen hatten, rissen die Resolutionskriege nicht mehr ab. Parallel dazu kamen Anfang 2021 zwei weitere Antisemitismusdefinitionen in Umlauf: das in den USA entstandene »Nexus Document« und die »Jerusalem Declaration On Antisemitism«. Beide Papiere wurden maßgeblich von linken und liberalen, oft jüdischen Experten initiiert – auch mit dem Ziel, die internationale Kritik an der israelischen Besatzungs- und Palästinapolitik nicht durch tatsächlich oder vermeintlich falsche Frontstellungen zu schwächen. All diese Differenzierungsversuche stehen nun freilich im Schatten der Anfang 2023 von der rechtsextremen Netanjahu-Regierung ausgelösten Staatskrise, mehr aber noch des bestialischen Überfalls der Hamas auf Israel am 7. Oktober.

Hierzulande läuft es derweil auf eine weiter wachsende Anti-Antisemitismus-Bürokratie hinaus: Neben dem Bund haben, bis auf Bremen, mittlerweile alle Bundesländer eigene »Antisemitismusbeauftragte« (die Widersinnigkeit des umgangssprachlichen Begriffs scheint kaum jemanden zu stören). In Berlin und Bayern gibt es sie auch bei der Polizei, und geht es nach Felix Klein, sollte es sie, dem Vorbild der Lufthansa folgend, in möglichst vielen Unternehmen, Sportvereinen und Verbänden geben.

Ob damit dem erneut – in bis vor kurzem ungeahnten Dimensionen – sich ausbreitenden Judenhass beizukommen ist, steht zu bezweifeln. Gleiches gilt für den Papiertiger, den Berlins Kultursenator Joe Chialo vor ein paar Tagen losgelassen hat: Verpflichtungserklärungen gegen Antisemitismus mögen die eigene Verwaltung angesichts einer oft israelkritischen Kunstszene absichern. In der Sache ist damit aber noch gar nichts erreicht.

20. Januar 2024

Nach dem Überfall auf die Ukraine

Mobilisierte Geschichte

Der Krieg in der Ukraine findet auch unter Einsatz vorgeblich historischer Argumente statt. Die meisten davon dienen propagandistischen Zwecken

Noch selten seit 1945 wurde so oft und so sehr im Modus des geschichtlichen Vergleichs gesprochen wie in diesen Tagen. Mit jeder neuen Schreckensnachricht aus dem Krieg, dessen Zeugen wir sind und dessen direkte Teilnehmer nicht zu werden wir hoffen, wächst, so scheint es, die Nachfrage nach historischer Vergewisserung. In der Erwartung, die verstörende Gegenwart dadurch besser zu begreifen, werden Erinnerungen aufgerufen und Parallelen gezogen, über deren Erkenntniswert gestritten werden kann und muss. Aber es werden auch schiefe und absichtsvoll falsche Analogien konstruiert, und spätestens dieser Umstand zeigt: Geschichte lässt sich als politische Waffe benutzen.

Wie man das macht, hat Wladimir Putin schon in den ersten Stunden seines Angriffskrieges demonstriert, als er die »Entmilitarisierung« und »Entnazifizierung« der Ukraine als dessen Ziel ausgab. Das sollte an den Zweiten Weltkrieg gemahnen und an die gemeinsamen Motive der Alliierten im Kampf gegen das nationalsozialistische Deutschland – als ob in Kiew ein totalitäres Regime an der Macht sei, das Europa unter seine Herrschaft zwingen wolle. Und als ob die Bevölkerung des Nachbarlandes mittels Bomben und Raketen von einer menschenverachtenden Ideologie abgebracht werden müsse.

Geschichtspolitisch nicht weniger perfide war, neun Tage vor dem Überfall auf die Ukraine, die Behauptung des Moskauer Despoten, im Donbass gelte es, einen »Genozid« an der russischsprachigen Einwohnerschaft zu stoppen. Dass Putin den Begriff dem konsternierten deutschen Bundeskanzler vor laufenden Kameras entgegenschleudern konnte, verdankte sich wohl einer Mischung aus Berechnung und Gelegenheit; Letztere hatte Olaf Scholz bei der Pressekonferenz nach dem Gespräch im Kreml unwillentlich dadurch eröffnet, dass er das – zuvor von Putin wortreich beklagte – Eingreifen der Nato 1999 im Kosovo mit der damals akuten Gefahr eines Völkermords begründete.

Die verlogenen historisch-politischen Referenzen des russischen Präsidenten zielen zweifellos auf Wirkung auch im Westen; sie sollen seine Bewunderer von Donald Trump bis Alice Weidel und Sahra Wagenknecht ebenso munitionieren wie verschwörungsgläubige Putin-Versteher aus der Querdenker-Szene. Hauptsächlich aber richten sie sich an die heimische Bevölkerung, die kaum noch Möglichkeiten hat, sich jenseits der zensierten Staatsmedien zu informieren – und die mit Inszenierungen überzogen wird, bei denen, wer nur ein wenig über die NS-Zeit weiß, gar nicht umhinkann, an den Berliner Sportpalast zu denken. »Für eine Welt ohne Nazismus« lautete, drei Wochen nach Beginn des Angriffs auf die Ukraine, die Parole einer vom russischen Fernsehen übertragenen Putin-Show im Moskauer Olympiastadion: ein Gipfelpunkt zynischer Geschichtsverdrehung und fraglos geschickter als 79 Jahre zuvor Goebbels' »Totaler Krieg – kürzester Krieg«.

Gewiss, auch Wolodimir Selenskij zieht alle geschichtlichen Register bei seinen Ansprachen vor westlichen Parlamenten. So, als er vor dem Bundestag an die Berliner Luftbrücke und an die Mauer erinnerte und der deutschen Politik vorwarf, allein der »Wirtschaft, Wirtschaft, Wirtschaft« wegen »Steine für eine neue Mauer« aufgetürmt zu haben, welche die

Ukraine von Europa trenne. Oder als er vor der französischen Nationalversammlung die Aufnahmen aus dem zerstörten Mariupol mit den Ruinenlandschaften von Verdun nach dem Ersten Weltkrieg verglich. Und nicht zuletzt vor der Knesset, als er die ukrainische Geschichte mit der jüdischen verglich und erklärte, wie seinerzeit in Berlin sei nun auch in Moskau von »Endlösung« die Rede.

Das alles sind historisch zweifelhafte, aber anders als bei Putin keine politisch verdammenswerten Analogien. Es sind die nachvollziehbaren Worte eines Präsidenten im Militäroliv, der einer Familie von Überlebenden des Holocaust entstammt und mit den ihm zu Gebote stehenden Mitteln die Existenz seiner Nation und deren Menschen zu verteidigen sucht; es sind aus der Not geborene Argumente eines Kommunikationsprofis, der weiß, dass er mit seinen Liveschaltungen in die Plenarsäle die Öffentlichkeit des jeweiligen Landes erreicht, gleichsam über die Köpfe der politischen Klasse hinweg.

Der Druck, den Selenskij mit seiner bilderstarken Sprache in den vergangenen Wochen aufzubauen verstand – ganz ähnlich übrigens wie der jungenhafte Geschichtslehrer aus seiner Fernsehserie von 2015, der sich im Präsidentenpalast wiederfindet –, hat den Diskurs im Westen stark beeinflusst. Mit seinem Talent, Geschichtsmoral als Moralgeschichte zu präsentieren, setzt Selenskij Politik und Öffentlichkeit in bis dahin ungekannter Weise unter Zugzwang. Das Drängende und Bekenntnishafte vieler Reaktionen auf diese Reden entspringt freilich auch den Zwängen eines digitalen Echtzeitjournalismus und der Logik sozialer Medien, die hierzulande noch keinen Krieg in der Nachbarschaft zu begleiten hatten. Doch damit allein ist die twitternde Selbstmobilisierung nicht bloß der Deutschen, sind die in vielen europäischen Städten und Gemeinden gezeigten Farben der Ukraine wohl nicht zu erklären. Offenbar spricht aus diesen Zeichen der Solidarität nicht nur ein Gefühl der Bedrohung, sondern auch eines des kollektiven Ungenügens.

Während sich das Publikum moralische Entlastung mittels Kritik an den politisch – maßvoll – Handelnden zu verschaffen sucht, sucht die Politik nach Möglichkeiten der Entschleunigung trotz Handlungsdruck. Auch so wird man die Bemerkungen einiger Knesset-Abgeordneter zu verstehen haben, die den ukrainischen Präsidenten ob seiner Holocaust-Analogie in die Schranken wiesen. Was nur heißt: Die Reaktion in Israel entsprach in etwa der Nichtreaktion des Bundestags, der sich nach Selenskijs mit stehendem Applaus bedachter Rede erst einmal in Schweigen hüllte. Das war peinlich, am Ende aber besser als das gar nicht mehr so selten anzutreffende, scheinbar historisch informierte, in Wirklichkeit jedoch nur leichtfertige Gerede vom Dritten Weltkrieg, den manche schon begonnen sehen.

1. April 2022

Weil wir so waren

Fast überall heißt es nun, die deutsche politische Klasse habe gegenüber Putin versagt. Aber damit macht man es sich zu leicht

Führt man sich den publizistischen Dauerbeschuss vor Augen, der derzeit auf die politischen Eliten dieses Landes niedergeht, so kann man sich des Eindrucks nicht erwehren, es solle die Eindeutigkeit der Schuldverhältnisse hinsichtlich des Krieges in der Ukraine auf die Bundesrepublik übertragen werden. Dagegen darf daran erinnert werden: Weder Scholz noch Merkel noch irgendein anderer deutscher Politiker, nicht einmal der grausam verpeilte Zyniker Schröder, tragen eine Schuld, die mit jener Putins sinnvoll zu vergleichen wäre. Gewiss, mittlerweile hat die gesamte westliche Welt begriffen, dass die jahrzehntelangen Bemühungen, mit Putin mehr hinzubekommen als eine Fortsetzung jener »friedlichen Koexistenz«, die im Verhältnis zur Sowjetunion einst eine Errungenschaft darstellte, schrecklich gescheitert sind. Und ja, es war falsch, den politischen Dialog mit Russland unverändert fortzuführen, an wirtschaftlicher Zusammenarbeit und kulturellem Austausch unverbrüchlich festzuhalten, obwohl sich die autoritären Entwicklungen im Innern und die hegemonialen Ansprüche gegenüber den postsowjetischen Nachbarn seit eineinhalb Jahrzehnten immer weiter zuspitzten. Aber es war, um Napoleons Außenminister Talleyrand abzuwandeln, ein Fehler, kein Verbrechen.

Die nun so desaströs erscheinende Politik, die Angela Merkel betrieb und vor ihr Gerhard Schröder und vor diesem Helmut Kohl – stets mit dem Einverständnis ihrer jeweiligen

Parteien, ihrer Koalitionäre und, von gelegentlichem Lobbyisten-Murren abgesehen, der bundesrepublikanischen Funktionseliten –, reicht in ihren Grundgedanken weit hinter die Regierungszeit von Wladimir Putin, Boris Jelzin und Michail Gorbatschow zurück. Sie ist datiert sogar noch vor der (jetzt wieder einmal ins Zwielicht geschobenen) Neuen Ostpolitik der sozialliberalen Koalition seit 1969. Das übersieht oder ignoriert geflissentlich, wer im Brustton geschichtsvergessener Selbstgerechtigkeit fordert, das gesamte emeritierte Establishment und alle, die nicht erst seit gestern politische Verantwortung tragen, sollten ab sofort in Sack und Asche gehen.

Was, bitte schön, soll ein solch allgemeines Entschuldigungsritual bringen? Wem würde es nutzen – außer den bekannten Demokratieverächtern und vielleicht noch Schröder, der sich dahinter verstecken könnte? Immerhin reden wir von einer Politik, die zweifellos dazu beigetragen hat, dass vier Jahrzehnte lang ein kalter Frieden zwischen den Blöcken herrschte (in dem es sich im Westen natürlich angenehmer lebte als im Osten) und drei weitere Dekaden lang wenigstens der große Krieg in Europa undenkbar blieb.

Das heißt nicht, dass es nicht hoch an der Zeit für eine »Zeitenwende« wäre. Ebenso wenig geht es darum, die Angemessenheit der aktuellen Russland- und Ukrainepolitik zu bestreiten, die von einem trappistenmäßig agierenden Kanzler unzureichend erläutert wird, aber auch von Annalena Baerbock und dem Rest der Koalition lediglich appellhaft verkündet und nie wirklich dargelegt wurde. Genauso wenig geht es darum, das Verhalten der Bundesregierung im transatlantischen Verbund pauschal für klug und richtig zu erklären. Aber manche Empörungsgesten ließen sich vermeiden, wenn wir uns alle ein bisschen ehrlicher machten: nicht zuletzt durch einen Blick zurück in die Anfänge der bundesdeutschen Politik gegenüber der Sowjetunion.

Noch zu Lebzeiten Stalins, elf Jahre nach dem deutschen Überfall auf sein Imperium und sieben Jahre nach Kriegsende, entstand auf Anregung der Bundesregierung der Ost-Ausschuss der Deutschen Wirtschaft. Das informelle Gremium, das auf seiner Homepage zum diesjährigen 70. Geburtstag inzwischen die blau-gelben Farben der Ukraine aufgezogen hat, war erklärtermaßen in erster Linie dazu gedacht, die Interessen der im Korea-Boom aufstrebenden deutschen Exportindustrie zu bündeln.

Aber es ging doch immer auch um anderes: Otto Wolff von Amerongen zum Beispiel, der legendäre ewige Vorsitzende des Ausschusses, hatte 1941 den mörderischen »Ostfeldzug« bei Charkiw (für die Russen und die Hitler-Deutschen damals: Charkow) mitgemacht und offenbar seinen Teil begriffen. Und weil er dann bald vom sicheren Portugal aus den Nachschub an kostbarem Wolfram organisieren durfte, das die deutsche Rüstungsindustrie für panzerbrechende Waffen benötigte, zählte er nach 1945 zu denen, die in ihrer Arbeit wohl auch persönliche Schuldgefühle zu kompensieren suchten. Als Gorbatschow diesen Stahlindustriellen aus Anlass seines Todes 2007 als »ältesten Pionier der Arbeitsbrigade Deutschland/Sowjetunion« würdigte, schwang darin die Erinnerung mit an Wolffs Kontaktanbahnungen seit den frühen Adenauerjahren. Aber Gorbatschow bezog sich damit auch auf das erste Erdgas-Röhren-Geschäft, das noch vor dem Moskauer Vertrag auf den Weg gebracht wurde, den Willy Brandt und Walter Scheel 1970 unterzeichneten.

Von diesen Geschäften – in den USA schon damals kritisch beäugt – hat die energiehungrige bundesdeutsche Wirtschaft, ergänzend zu ihren Hauptbeziehungen im Westen, vortrefflich profitiert, und mit ihr der damals noch gern so genannte Otto Normalverbraucher, für den der sozioökonomische Lift auch deshalb jahrzehntelang nur in eine Richtung fuhr. Unter der Formel »wirtschaftlicher Riese, politischer Zwerg« fühlten sich die aus Notwendigkeit und Einsicht postnational gewordenen Westdeutschen wohl. Steter Begleiter ihrer begreiflichen »Suche nach Sicherheit« (Eckart Conze), die 1989 so glücklich geendet zu haben schien, war ein als »Friedensdividende« ausgegebener, unaufhörlich wachsender Hang zur politischen Bequemlichkeit und wirtschaftlichen Egozentrik.

Eine Gesellschaft, die sich nun dabei ertappt, dass sie nach billiger Energie (nicht nur) aus dem Osten giert wie ein Verdurstender nach Wasser, und die immer noch hysterisch wird, wenn aus dem parlamentarischen Raum auch nur der Vorschlag für ein Tempolimit kommt oder für eine geringfügige Absenkung der Zimmertemperatur: Die sollte begreifen, dass es nicht allein die politischen Eliten sind, die sich in dieser Zeitenwende zu korrigieren haben.

29. April 2022

Falsche Mythen

Der Krieg in der Ukraine offenbart, wie wenig hierzulande über die jüngere Geschichte Osteuropas bekannt ist. Das zeigt auch das Beispiel des Nationalisten Stepan Bandera

Erst war von einem Unfall die Rede, womöglich aufgrund einer Herzschwäche. Doch dann stellte sich heraus, dass der »geheimnisvolle Sturz im Treppenhaus« am frühen Nachmittag des 15. Oktober 1959, über den die *Süddeutsche Zeitung* anderntags in ihrem Lokalteil berichtete, auf eine Dosis Zyankali zurückzuführen war. Für die Anhänger der Organisation Ukrainischer Nationalisten (OUN) stand damit fest: Ihr Führer Stepan Bandera war in der Maxvorstadt einem »Heldentod von bolschewistischer Hand« erlegen. Zu seinem Begräbnis auf dem Münchner Waldfriedhof kamen Tausende; dazu aufgerufen hatten der »Völkerrat und das Zentralkomitee des Anti-Bolschewistischen Blocks der Nationen«.

Der Giftpistolen-Mord an Bandera alias Popel, zu dem sich zwei Jahre später in West-Berlin ein übergelaufener Sowjet-Agent bekennen sollte, war nicht das erste Attentat, das die große osteuropäische Emigrantenszene in der bayerischen Landeshauptstadt in den fünfziger Jahren traf. Entsprechend achselzuckend gab sich die Polizei: Er habe »wenig Hoffnung, die Hintergründe dieses Falles zu klären«, denn an die dafür verantwortlichen Kreise komme man nicht heran, gestand Amtmann Schmitt dem Reporter der SZ. Der allerdings wartete mit erstaunlich präzisen Informationen auf: »Man hat in den letzten Tagen oft gelesen, dass die Ukrainer Bandera als einen ihrer Freiheitshelden feierten. Das mag für jenen Teil der 1,5 Millionen exilierten Ukrainer zutreffen, die er in einer straffen Organisation – verbreitet über Deutschland, England und Amerika – zusammengefasst hatte. Die demokratischen Exilpolitiker der Ukrainer jedoch wollten von Bandera nur sehr wenig wissen: Für sie war er einer der radikalsten nationalistischen Politiker, der, wenn er es für nötig hielt, unter den Emigranten einen Terror ohnegleichen ausübte.«

Das meiste von dem, was die *Süddeutsche* vor 63 Jahren über die Praktiken der OUN und den politischen Weg des Stepan Bandera zu berichten wusste – manches vielleicht auch aus Geheimdienstquellen, die damals in München noch kräftig sprudelten –, fiel bald forciertem Vergessen anheim. Denn weder wollten sich die wieder zu Wohlstand gekommenen Deutschen ihrer verbrecherischen Ausbeutungspolitik und Kolonialmentalität im »Reichskommissariat Ukraine« (1941-1944) erinnern, noch mochten sie sich auf Dauer für die kompliziert-verkappten Frontverläufe jenseits des »Eisernen Vorhangs« interessieren.

Eine gehörige Portion dieser Ignoranz besteht bis heute fort. Zwar liefert die Zeitgeschichts- und Osteuropaforschung seit Jahrzehnten verlässliches Wissen, aber in der Öffentlichkeit kommt davon eher wenig an. Wer sich nicht gründlich umtut, stößt nicht einmal auf die im besten Sinne kritische Bandera-Biographie, die Grzegorz Rossoliński-Liebe bereits 2014 vorgelegt hat, scheinbar passgenau im Jahr der russischen Annexion der Krim. Die viel zu lange nicht auf Deutsch erschienene Studie – der in Polen aufgewachsene Historiker schrieb sie in Berlin auf Englisch und wurde damit in Hamburg promoviert – räumt mit fatalen Mythen auf, aus denen sich die vor allem in der Westukraine anzutreffende, erklärtermaßen aber auch von Botschafter Andrij Melnyk geteilte Bandera-Verehrung nach wie vor speist.

Am Neujahrstag 1909 im österreichisch-ungarischen Ostgalizien in eine griechisch-katholische Pfarrersfamilie geboren, bewegte sich Bandera bereits während seines Studiums in Lemberg (dem heutigen Lwiw, das inzwischen zum polnischen Lwów geworden war und in Sowjetzeiten zu Lwow werden sollte) in radikalnationalistischen Kreisen, die für eine unabhängige und ethnisch homogene Ukraine kämpften: im Westen gegen Polen, im Osten gegen die Sowjetunion, und hier wie dort gegen die Juden. Banderas Aufstieg in der OUN, die 1929 in Wien gegründet worden war und einen Untergrundkrieg gegen die polnische Staatsmacht und ihre Repräsentanten führte, begann in den frühen dreißiger Jahren. Nach seiner Inhaftierung wegen eines tödlichen Anschlags auf den Innenminister in Warschau (1934) stilisierte er sich »explizit zum Führer einer faschistischen Bewegung« (Rossoliński-Liebe).

Trotz mancher Verbindungen in das nationalsozialistische Deutschland kam die OUN ihrem Ziel der Staatsgründung auch nach Hitlers »Zerschlagung der Rest-Tschechei« im März und dem Überfall auf Polen im September 1939, der Bandera wieder in Freiheit brachte, nicht näher: Die Karpato-Ukraine ging an Ungarn, die Westukraine wurde aufgrund des Hitler-Stalin-Pakts der Ukrainischen Sozialistischen Sowjetrepublik einverleibt. Doch auch der deutsche Angriff auf die Sowjetunion am 22. Juni 1941 ermöglichte den jungen Bandera-Leuten, die sich inzwischen von den meist älteren Anhängern seines internen Konkurrenten Andrij Melnyk (1890-1964) abgespalten hatten, nicht den erhofften Durchbruch. Ende Juni lösten von den »Banderisten« (OUN-B) geführte Milizen als Reaktion auf eine Mordaktion der abziehenden sowjetischen Geheimpolizei in Lemberg antijüdische Pogrome aus und kollaborierten mit den Deutschen bei der Ermordung der Juden.

Die mehr oder weniger parallel dazu ausgerufene »nationale Revolution« samt Staatsproklamation endete für Bandera und sein Gefolge jedoch mit ihrer Verhaftung durch die Besatzer. Während Bandera (wie zeitweise sein Widersacher Melnyk) als Sonderhäftling im Konzentrationslager Sachsenhausen saß, beteiligten sich viele seiner Anhänger – fortan als ukrainische Hilfspolizei – am Holocaust oder kämpften als Partisanen der Ukrainischen Aufständischen Armee gegen Polen und Sowjets. Zur selben Zeit starben Millionen von Ukrainern, die ein Fünftel der sowjetischen Streitmacht stellten, im verlustreichen Kampf gegen die Wehrmacht und ihre Verbündeten.

Als der extreme Flügel des ukrainischen Nationalismus haben die »Banderisten« den Weg der Ukraine zu einem modernen europäischen Nationalstaat nicht befördert. Schon gar nicht hat ihr Erbe dazu beigetragen, dass die Ukraine diesen seit dem Ende der Sowjetunion beschrittenen Weg angesichts der russischen Annexionspolitik nach 2014 weitergegangen ist. Auch deshalb gibt es für das von Putin mit Krieg und ungeheuren Propagandalügen überzogene Land keinen Grund, sich nicht von falschen Mythen zu trennen.

27. Mai 2022

Begriffskrieg

In der Debatte um Putins Verbrechen kommt es auch darauf an, bei der Wahl der Worte präzise zu bleiben. Von Faschismus zu sprechen, geht an der Sache vorbei

In keinem anderen westlichen Land debattiere die gesamte intellektuelle Klasse so sehr über die richtige Haltung zum Krieg in der Ukraine wie in der Bundesrepublik, konstatierte unlängst Adam Tooze. Der britische Wirtschaftshistoriker meinte das vielleicht nicht als Kompliment, aber doch als Würdigung einer Kontroverse, die er der Leserschaft des Londoner *New Statesman* vor allem anhand einer präzisen Ausdeutung des Textes von Jürgen Habermas nahezubringen versuchte, der Ende April in der *Süddeutschen Zeitung* erschienen und weltweit beachtet worden war. Zwar bescheinigt Tooze – er lehrt an der Columbia University in New York – den Deutschen eine handfeste politische Identitätskrise; ihre postheroische Gesinnung aber hält er mit Habermas für eine historisch angemessene und angesichts der fortbestehenden nuklearen Bedrohung weiterhin realistische Reaktion auf die Geschichte Europas seit dem Ende des Zweiten Weltkriegs und des Kalten Kriegs.

Ganz anders dagegen Timothy Snyder von der Yale University, wo Tooze einige Jahre sein Kollege war: Die Deutschen, so dekretiert Snyder seit Wochen in allen hiesigen *quality papers,* müssten nicht nur aus den Fehlern ihrer Vergangenheit lernen, sondern »auch aus den Fehlern ihrer Vergangenheitsbewältigung«. Während Deutschland mit Russland »auf Augenhöhe« rede, behandele es die Ukraine noch immer »reflexhaft von oben herab«. Grund dafür sei eine fortbestehende koloniale Attitüde, die es den Deutschen auch 80 Jahre nach dem Zweiten Weltkrieg ermögliche, darüber hinwegzusehen, dass die Ukraine als »Kornkammer und Siedlungsgebiet« das »Hauptziel von Hitlers Kolonialkrieg« gewesen sei.

Aus historiographischer Sicht ist diese These zwar nicht zu halten (auch Snyder hat 2016 noch anders argumentiert), denn Hitlers rassenimperialistischer Vernichtungskrieg gegen den »jüdischen Bolschewismus« und die beispiellos brutale deutsche Besatzungsherrschaft richteten sich keineswegs spezifisch gegen die Ukraine, sondern gegen die Sowjetunion als Ganzes. Aber die Fokussierung auf die fraglos gegebene koloniale Dimension des deutschen »Unternehmens Barbarossa« eignet sich natürlich vortrefflich dazu, die Kritik an der vorsichtigen Haltung der Bundesregierung, etwa hinsichtlich der Lieferung sogenannter schwerer Waffen, mit der inzwischen allgegenwärtigen Antikolonialismus-Debatte moralisch weiter aufzuladen.

Diesem Ziel dient auch ein anderes Argument, dem Snyder mit seiner Expertise als Osteuropa-Historiker Gewicht zu verleihen sucht: Putins Regime und der russische Staat müssten zwingend als »faschistisch« bezeichnet werden. Alles andere bedeute eine böse Verkennung und Verharmlosung der Situation in Russland. Schaut man sich allerdings genauer an, was Snyder zufolge dafür spricht, in Moskau »das wahre Zentrum des Faschismus in der Welt« zu sehen, so stellt man fest: Von der faktischen Einparteienherrschaft über die unbestreitbar effektive Kontrolle der Medien und dem – schon weniger offensichtlichen – Führerkult bis hin zum Freund-Feind-Denken und der Verschwörungspropaganda handelt es sich um Merkmale, die auf eine ganze Reihe gegenwärtiger und verflossener Diktaturen und Autokratien zutreffen. Dagegen fehlt im Falle Russlands, wie mein Freiburger Kollege Ulrich Herbert unlängst zu Recht hervorhob, die für faschistische Herrschaft charakteristische Massenbewegung, die ihren Führer »trägt und von ihm getragen wird« und die seinem Regime jene (selbst)zerstörerische Dynamik verleiht, die sowohl bei Hitler als auch bei Mussolini zu beobachten war.

Die Tatsache, dass der Faschismusbegriff seit 1945 immer wieder Konjunkturen hatte und oft geradezu inflationär verwendet worden ist, spricht eher gegen seine Erklärungskraft – auch wenn es momentan Genugtuung zu versprechen scheint, Putins perfide Propaganda gleichsam zu retournieren, wonach seine »Spezialoperation« auf die Liquidation einer angeblich faschistischen Führung in Kiew zielt.

Putins Regime ist, ungeachtet seiner nach außen gerichteten Zerstörungswut, nach innen keine simple Zwangsherrschaft, die allein aufgrund von Terror funktioniert. In gewisser Weise ist es viel schlimmer: Der Diktator weiß einen Großteil seiner Landsleute hinter sich, und es ist durchaus unklar, inwieweit sich dieser Rückhalt seiner manipulativen Begabung, stillgestelltem politischen Interesse oder doch der Suggestivität eines völkisch-imperialen Großmachtdenkens verdankt. Vermutlich ist es eine Mischung aus allem, und in dieser Hinsicht scheint die Situation in Russland, wo es inzwischen nur noch heldenmütige Einzelne sind, die sich dem Wahnsinn entgegenstellen, durchaus ein bisschen vergleichbar zu sein mit der Stimmung im nationalsozialistischen Deutschland 1938/39.

Damit ist auch gesagt: Nichts spricht dagegen, Vergleiche anzustellen und Analogien zu erwägen; vielmehr lebt die Geschichtswissenschaft davon, ebenso wie die aufklärerische Idee, aus der Geschichte lernen zu können. Aber es kommt auf die Kalibrierung an, und die sollte umso präziser sein, je gewichtiger die Vergleichsgegenstände sind. In unserer gegenwärtigen Situation betrifft das vor allem Begriffe wie Völkermord und Vernichtungskrieg.

Nach allem, was wir wissen und von Putin in verschlagenen Varianten zu hören bekommen – und zwar nicht erst seit dem 24. Februar, sondern schon vor der Besetzung der Krim 2014 –, geht es ihm um die Usurpation und Vernichtung der Ukraine in ihrer nationalstaatlichen Existenz. Um darin ein in Europa nicht mehr für möglich gehaltenes Verbrechen zu sehen, muss man weder postkoloniale Thesen bemühen noch sich, wie es vielfach ziemlich gedankenlos geschieht, auf »unsere Werte« berufen. Denn das Verbrecherische des russischen Überfalls auf die Ukraine ergibt sich, woran der Frankfurter Philosoph Christoph Menke kürzlich erinnert hat, aus der Missachtung der »absolut grundlegenden Prinzipien des Völkerrechts«. Dieses Faktum im Sinne, muss man sagen: Putins Krieg gegen die Ukraine ist etwas anderes als jener Vernichtungskrieg und Völkermord, mit dem die Deutschen 1939 zuerst Polen und 1941 dann die Sowjetunion überzogen haben.

22. Juli 2022

Kollektivschuld

Die EU erschwert die Einreise für russische Staatsbürger. Sie werden damit für den Krieg ihres Herrschers in Haftung genommen. Über ein den Deutschen vertrautes Thema

Viele waren fassungslos, viele schämten sich, aber viele blockten auch gleich ab, als man ihnen die Verbrechen vor Augen führte: Davon haben wir nichts gewusst, das ist nicht unsere Schuld! Konfrontiert mit den Aufnahmen von Verfolgten und Geschundenen, von ausgemergelten Häftlingen und von Leichenbergen in den Lagern, flüchtete sich ein Großteil der Deutschen nach der historischen Schrecksekunde des Frühjahrs 1945 in eine Logik der Schuldumkehr. Die trickreiche Doppelformel dafür war flugs gefunden: Zum einen stilisierte man sich zu Hitlers eigentlichen Opfern, zum anderen erfand man die sogenannte Kollektivschuldthese. Danach hatten die Besatzer den Besetzten bei Kriegsende vorgeworfen, die Verbrechen der NS-Zeit kollektiv gewollt und unterstützt zu haben – und sich damit, wie es nun hieß, der »barbarischen« Unterstellung einer Kollektivschuld bedient. (Um keine Missverständnisse zu produzieren: Ja, es gab in den zerstörten deutschen Städten alliierte Plakate mit KZ-Fotos und der Aufschrift: »Diese Schandtaten: Eure Schuld!« Und nein, es gab kein offizielles Besatzungsdokument, das eine Kollektivschuld konstatierte.)

Vermutlich, weil ich über diese Zusammenhänge eine Zeitlang geforscht und geschrieben habe, erreichte mich vor ein paar Wochen eine Frage des schwedischen Rundfunks: Ob es denn bedeute, eine Kollektivschuld zu unterstellen, falls die EU beschließen sollte, in Anbetracht des Krieges gegen die Ukraine künftig unterschiedslos allen russischen Staatsbürgern Einreisevisa zu verweigern? Und ob das der Grund sei, weshalb sich die deutsche Regierung dagegen ausgesprochen habe?

Politisch ist die Sache inzwischen geklärt: Auf Vorschlag von EU-Innenkommissarin Ylva Johansson, einer schwedischen Sozialdemokratin, hat der Ministerrat die seit 2007 geltenden Visa-Erleichterungen für Russinnen und Russen ausgesetzt. Dadurch soll die Einreise in den Schengen-Raum, per Direktflug aus Russland ohnehin nicht mehr möglich, künftig erschwert und auch ein bisschen teurer werden. Über die Erteilung von Aufenthaltsgenehmigungen entscheiden aber weiterhin die Botschaften und Konsulate der Mitgliedsländer. Während es für russische Touristen grundsätzlich komplizierter werden soll, in den Westen zu reisen, will die EU für Schutzbedürftige aus Russland erklärtermaßen offen bleiben, sprich: für Kriegs- und Putin-Gegner, aber auch für Studierende und Menschen, die Familienangehörige besuchen wollen.

Auf der Leserbriefseite der *Süddeutschen Zeitung* wurde das Für und Wider höherer Visa-Hürden kürzlich lebhaft diskutiert. Dass dabei auch das Stichwort Kollektivschuld fiel, kann kaum verwundern: Der Begriff hat gerade hierzulande nie aufgehört, als politische Reizvokabel zu funktionieren. Sein Platz im Schimpfwörterbuch der deutschen politischen Rhetorik scheint unangreifbar – spätestens, seit Karl Jaspers im Wintersemester 1945/46 versuchte, im schlecht geheizten Hörsaal der Heidelberger Universität Studenten in umgefärbten Wehrmachtsmänteln die verschiedenen Ebenen deutscher Schuld auseinanderzusetzen. Hinter dem damals gern gehörten Diktum des Gelehrten, wonach es »Kollektivschuld eines Volkes« nicht geben könne, stand jedoch nicht nur seine berühmte Unterscheidung zwischen krimineller, politischer, moralischer und metaphysischer Schuld. Zu Jaspers' Argumentation gehörte auch der klare Hinweis auf die unausweichliche »politische Haftung der Staatsangehörigen«. Jaspers vertrat damit, was gerne überhört wurde, eine gleichsam säkularisierte Form der Kollektivschuld: »Wir tragen die politische Verantwortung für unser Regime, für die Taten des Regimes, für den Anfang des Krieges in dieser weltgeschichtlichen Lage und für die Artung der Führer, die wir an unsere Spitze geraten ließen.«

Die Sprache des Existenzphilosophen, der das »Dritte Reich« zusammen mit seiner jüdischen Frau nur knapp überlebt hatte, mag uns fremd geworden sein. Wer aber die aktuellen Texte russischer Intellektueller liest – nach Lage der Dinge oft junge Schriftsteller und Journalisten, die im Westen leben –, der staunt nicht schlecht, wie viele das Thema bewegt. »Wie sollen wir Russen jemals unsere Kollektivschuld abbüßen«, fragte sich kürzlich *Spiegel*-Reporter Tim Neshitov im Sammeltaxi von Tiflis nach Armenien, »wenn sich hier drei von vier Russen keiner Schuld bewusst sind?« Ähnlich bitter die Bilanz von Nik Afanasjew, der im Sommer zwischen Sankt Petersburg, Moskau und dem Ural unterwegs war, von wo seine Familie 1992 mit dem Zehnjährigen nach Deutschland aufbrach: »Wenn der Krieg in der Ukraine einmal vorbei ist, wird darüber nachzudenken sein, wie er überwunden werden kann: zuerst in Russland selbst, irgendwann in den anderen ehemaligen sowjetischen Teilrepubliken. Erst dann wird auch die Debatte darüber beginnen können, wie viel Kollektivschuld die Russinnen und Russen auf sich laden, indem sie zulassen, was ihr Land gerade in der Ukraine anrichtet.« An eine Veränderung in Russland »von innen heraus« glaubt Afanasjew nicht.

Boris Schumatsky, der in den achtziger Jahren in Moskau zur Schule ging und seit Mitte der Neunziger auf Deutsch publiziert, fragte sich im Frühjahr: »Habe ich jemals, wenn auch nur beiläufig, etwas gesagt, getan, geteilt, was zu diesem Krieg geführt hat? Die Antwort ist: Ja.« Als »Moskali«, als arroganter Hauptstädter, habe er »die Ansteckungskette des Kriegswahns« nicht unterbrochen. Und er berichtet von Landsleuten, die auf die vorwurfsvolle Frage, ob Putin allein für die Bilder von Trümmern und Leichen in der Ukraine verantwortlich sei, »mit Zitaten von Hannah Arendt« zurückschießen: »Kollektivschuld diene nur dazu, die wahren Schuldigen zu entlasten.«

Tatsächlich heißt es bei Arendt: »Wo alle schuldig sind, ist es keiner.« Aber das bedeutete ihr gerade kein Dementi kollektiver Verantwortlichkeit – so wenig wie ihrem Doktorvater Jaspers, mit dem sich die Emigrantin in New York erst seit November 1945 wieder schreiben konnte. Wo Jaspers, wie gesagt, von »politischer Haftung« sprach, insistierte Arendt ganz ähnlich auf dem Grundsatz der politischen Verantwortung: auch für »Dinge, die man nicht getan hat«.

16. September 2022

Verzweckt

Wenn die Politik Definitionsmacht über historische Ereignisse beansprucht, ist Wachsamkeit geboten. Das zeigt auch die Bundestagsinitiative zum Holodomor

Exakt 39 Minuten waren im Bundestag für Robin Wageners Initiative reserviert. Der Vorsitzende der deutsch-ukrainischen Parlamentariergruppe sprach am vorvergangenen Mittwoch als Erster über den Antrag, den seine Fraktion, die Grünen, zusammen mit SPD, CDU/CSU und FDP nur einen Tag zuvor eingebracht hatte: »Holodomor in der Ukraine: Erinnern – Gedenken – Mahnen«. Zum 90. Jahrestag der Hungersnot, die durch die brutale Kollektivierungspolitik der Sowjetführung ausgelöst worden war und die vor allem im Winter 1932/33 Millionen Menschen das Leben kostete, fassten die Abgeordneten einen von der Öffentlichkeit zwar nur mäßig beachteten, aber geschichtspolitisch bedeutsamen Beschluss: Aus »heutiger Perspektive« liege es nahe, den Holodomor »historisch-politisch« als Völkermord einzuordnen. »Der Deutsche Bundestag teilt eine solche Einordnung.«

Das reicht weit über die Formulierungen hinaus, mit denen die Grünen 2016 – also nach Putins Annexion der Krim und angesichts des Krieges im Donbass – schon einmal versucht hatten, der »ökonomischen, politischen und militärischen Destabilisierung der Ukraine« entgegenzuwirken und ein »verantwortungsvolles Gedenken und Erinnern an die Geschichte« zu fördern.

Wie jene vor fünf Jahren, fand die Debatte vor gut einer Woche in Anwesenheit von Andrij Melnyk statt, der seinerzeit bereits als ukrainischer Botschafter und nun, zusammen mit seinem Nachfolger, als stellvertretender Außenminister auf der Besuchertribüne saß. Auch sonst ging es diesmal vor allem um Verstärkung und Vereindeutigung. Die ältere, von Marieluise Beck auf den Weg gebrachte Beschlussvorlage der Grünen hatte den Holodomor noch als eines von mehreren zentralen Ereignissen in der komplexen Geschichte der Ukraine benannt. Das »Trauma, Schauplatz größter Menschheitsverbrechen von Hitler und Stalin gewesen zu sein«, so hieß es damals analytisch klug und zugleich empathisch, definiere bis heute wesentlich das kollektive historische Bewusstsein des Landes.

Die nachlesenswerte Debatte (sie kam erst im Mai 2017 zustande und endete mit der einvernehmlichen Überweisung des Antrags an den Auswärtigen Ausschuss) war bei vielen, die das Wort ergriffen, von dem Eingeständnis geprägt, die deutschen Verbrechen in der Ukraine zu lange lediglich als Teil der Kriegführung gegen die Sowjetunion gesehen zu haben. Aber zur Sprache kam auch die Ablehnung nationalistischer Geschichtspolitik. Besonders klar war in diesem Punkt der Münchner CSU-Abgeordnete Hans-Peter Uhl, der auf die nach dem »Euromaidan« 2014 gegründete Deutsch-Ukrainische Historikerkommission verwies und meinte, die »Interpretation der Ereignisse im Einzelnen und ihre historische Einordnung« seien nicht die Aufgabe des Staates, sondern der Wissenschaft.

In der jüngsten Debatte war von solcher Zurückhaltung nichts mehr zu spüren. Mit verstörenden Details über die physiologischen Etappen des Verhungerns meinte Eröffnungsredner Wagener seinen Zuhörern »den Horror, der sich hinter dem Begriff ›Holodomor‹ verbirgt«, vergegenwärtigen zu müssen. Und mit einer Gewissheit, die sich in der fachwissenschaftlichen Diskussion kaum irgendwo findet, konstatierte er: »Die Tötung durch Hunger hatte auch die politische Unterdrückung des ukrainischen Nationalbewusstseins, der ukrainischen Kultur und Sprache zum Ziel.« Entsprechend »unübersehbar« seien »die Parallelen zur heutigen Zeit«. Den Holodomor als Völkermord einzuordnen, sei »nicht nur Mahnung, sondern auch Auftrag an uns alle. Es ist unsere Pflicht, diesen Wahnsinn zu stoppen.«

Spätestens an dieser Stelle wurde klar, dass guter Wille, ehrliches Entsetzen und argumentative Logik nicht immer zusammengehen. Ganz abgesehen von der Frage nach der Definitions- und Deutungsmacht des deutschen Parlaments in Bezug auf ein Menschheitsverbrechen aus der frühen Sowjetzeit: Wie sich Putin dadurch bei seinen heutigen Verbrechen gegen das Völkerrecht »stoppen« lassen könnte, vermochte weder der Abgeordnete Wagener noch sonst jemand zu sagen.

Aber das störte nicht in einer Debatte, aus der das Bedürfnis nach psychischer Selbstentlastung mindestens so sehr sprach wie jenes nach historischer (Selbst-)Belehrung – und die letztlich vor allem als Zeichen der Solidarität mit den nun immer öfter in Kälte und Dunkelheit ausharrenden Menschen in der Ukraine verstanden werden wollte. Wohl deshalb stimmte am Ende sogar aus den Reihen von AfD und Linken niemand gegen die Resolution, obgleich sie in der dort bekanntlich eher für falsch gehaltenen Forderung mündet, die Ukraine »im Rahmen der zur Verfügung stehenden Haushaltsmittel weiterhin politisch, finanziell, humanitär und militärisch zu unterstutzen«.

Aus geschichtswissenschaftlicher Perspektive bleiben nach diesem gut gemeinten, aber nicht gut gemachten Parlamentsbeschluss vor allem in zweierlei Hinsicht Bedenken zurück: Zum einen, weil er das Bedürfnis nach historischer Verengung und nationaler Vereinnahmung eines kommunistischen Großverbrechens ignoriert, das die heutige Ukraine (vor allem im

Osten) in absoluten Zahlen mit schätzungsweise 3,5 Millionen Hungertoten am stärksten, aber keineswegs ausschließlich betraf; Kasachstan verlor mit etwa 1,5 Millionen Menschen mehr als ein Drittel seiner Bevölkerung, aber Hunderttausende verhungerten auch auf russischem Territorium (vor allem im Nordkaukasus, sowie, zum zweiten Mal innerhalb eines Jahrzehnts, im Ural und an der Wolga). Zum andern, weil er der Tendenz zu einer legislativen Festschreibung historischer Deutungen folgt, die sich seit den neunziger Jahren parallel zum intensiver gewordenen Diskurs über Menschenrechte und Genozide ausgebreitet und deren ursprünglich erhoffte Schutzfunktion, etwa zugunsten von Minderheiten, sich leider als illusionär herausgestellt hat.

Wer aus der Geschichte lernen will – und darin gründet, allen Enttäuschungen zum Trotz, immerhin ein Zukunftsversprechen –, der sollte nicht machtbesetzten Definitionen das Wort reden, sondern der offenen Reflexion. Gerade auch in Kriegszeiten.

9. Dezember 2022

Demokratieverachtung global

Memorial

Innenpolitische Gegner als »ausländische Agenten« zu diffamieren, ist eine Form von Populismus. In Russland geht es dabei auch um die Verteufelung kritischen Bürgergeists

Populismus hat viele Gesichter. Inzwischen sind es so viele, dass man fast glauben könnte, irgendwo auf dem Globus habe jemand einen Wettbewerb um seine gemeinste Fratze ausgelobt. Aber die Behauptung, der »wahre Wille des Volkes« werde missachtet oder manipuliert, kommt nicht immer nur lärmend daher. Es gibt auch subtilere Formen der Demagogie. Dazu zählt die Methode, innenpolitische Widersacher mundtot zu machen, indem man sie zu Agenten ausländischer Mächte, ergo zu »Feinden des Volkes« stempelt. Mit dieser Strategie sind in den letzten Jahren etliche Staaten – es sollen mittlerweile mehr als 60 sein – gegen unabhängige Nichtregierungsorganisationen (NGOs) vorgegangen. Deren selbstbewusstes, oft weltweit vernetztes Eintreten für Freiheits-, Bürger- und Menschenrechte ist Autokraten jeder Couleur natürlich zuwider.

In Putins Russland operiert man seit Jahren mit dem Feindbild der Fünften Kolonne. Ein Gesetz der Staatsduma vom Sommer 2012 erlaubt es, russische und in Russland tätige NGOs, die Spenden für angeblich politische Zwecke aus dem Ausland erhalten, explizit als »ausländische Agenten« einzustufen. Rund 150 Gruppen und Vereine stehen inzwischen auf dieser Liste, darunter bekannte Einrichtungen wie das Sacharow-Zentrum und das Meinungsforschungsinstitut Lewada. Wer solcher Stigmatisierung entgehen will, muss seine internationalen Verbindungen kappen. Ansonsten darf bei keiner Veranstaltung und in keiner Publikation der Hinweis fehlen, dass diese mit ausländischem Geld – soll heißen: unter verdächtigem Einfluss – zustande gekommen ist. Bürgerschaftliche Organisationen, die das verweigern oder versäumen, müssen mit Strafzahlungen rechnen, ihre Verantwortlichen mit Gefängnis.

Höchst misstrauisch beäugt werden auch die in Russland tätigen deutschen Parteistiftungen; im März 2013 gab es Razzien in den Büros der Konrad-Adenauer-Stiftung in Sankt Petersburg und der Friedrich-Ebert-Stiftung in Moskau. Doch während die offiziösen deutschen Vertretungen seit dieser Machtdemonstration der Sicherheitsorgane einigermaßen in Ruhe gelassen werden, trifft Putins Bannstrahl gegenwärtig mit voller Härte Russlands wohl wichtigstes Monument gesellschaftlicher Selbstaufklärung: Memorial.

Entstanden in der Zeit von Michail Gorbatschow, war Memorial 1988 die erste nicht von oben verordnete »Massenorganisation« der Sowjetunion. Im Zeichen von Glasnost begannen lokale Initiativgruppen, die bis dahin beschwiegenen Verbrechen des Stalinismus zu dokumentieren. An den Stätten des Terrors und der Massengräber wurden Gedenktafeln errichtet; vor allem aber ging es den Aktivisten darum, den Opfern und Überlebenden des Gulag ihre Namen und ihre Würde zurückzugeben.

Seit Anfang der neunziger Jahre erhält beziehungsweise erhielt die Moskauer Dachorganisation von Memorial, unter der sich ein eindrucksvolles Netzwerk regionaler Gesellschaften, Museen, Bibliotheken und Archiven entfaltet hat, neben ideeller auch materielle Unterstützung von außen. Hilfe kam von amerikanischen und deutschen Stiftungen. Die Hamburger Körber- und die Berliner EVZ-Stiftung ermöglichen seit langem nach dem Vorbild des Geschichtswettbewerbs um den Preis des Bundespräsidenten einen Wettbewerb für russische Schüler, der zahlreiche Nachahmer in anderen postkommunistischen Staaten, aber auch in Westeuropa gefunden hat. Vorigen Mittwoch wurde Memorial zu einer Geldstrafe von 300 000 Rubel verurteilt, weil sich die Gesellschaft nicht selbst als »ausländischer Agent« angezeigt hatte.

Von einer einseitigen, fremdgesteuerten Beeinflussung der russischen Erinnerungskultur, wie kremlnahe Historiker und nationalistische Schulbuchautoren sie Memorial zum Vorwurf machen, kann nicht die Rede sein. Im Gegenteil: Gerade Memorial hat dafür gesorgt, dass sich Russland des entsetzlichen Leids, das die Deutschen während des Zweiten Weltkriegs über die sowjetische Bevölkerung gebracht haben, überhaupt wieder erinnern konnte – und dass es nicht länger zugedeckt blieb durch die im Grunde menschenverachtende Propaganda vom »Großen Vaterländischen Krieg«.

Persönlichkeiten wie Irina Scherbakowa, eine Memorial-Aktivistin der ersten Stunde, haben die Erinnerungen ihrer Landsleute aus den dreißiger und vierziger Jahren unermüdlich aufgezeichnet. Sie sorgten dafür, dass das russische Kriegsgedächtnis auch in Deutschland verstanden werden konnte. In Hunderttausenden von Fällen sind die Geschichten der Sowjetbürger zugleich Geschichten der Begegnung mit Deutschen: als Soldaten im Kampf gegen die Wehrmacht, als Bewohner niedergebrannter Dörfer, als nach Deutschland deportierte Zwangsarbeiterinnen und Zwangsarbeiter.

Mit seinen deutschen Partnern hat Memorial freilich auch viel dafür getan, dass wir die sowjetische Erfahrung des Stalinismus besser begreifen können. So entstand vor ein paar Jahren in Kooperation mit der Gedenkstätte Buchenwald eine vielerorts gezeigte Ausstellung über »Spuren und Zeugnisse«

des sowjetischen Lagersystems, die dessen Schrecken den Besuchern wohl noch eindringlicher vor Augen führt als 1974 Alexander Solschenizyns Bestseller »Archipel Gulag«.

Kurzum, Memorial hat in den fast drei Jahrzehnten seit seiner Gründung Enormes geleistet: für eine sensible historisch-politische Aufklärung in Russland und Osteuropa, aber auch für das Verständnis der sowjetischen Geschichte im Westen. Im Zeichen eines auftrumpfenden »Make Russia Great Again« ist diese Arbeit nun in höchster Gefahr; seit letzter Woche sind die russischen Fernsehkanäle voll mit feindseligen Berichten und falschen Anschuldigungen gegen Memorial und seine Repräsentanten. Würden sie zum Verstummen gebracht, so verschwände aus Putins Russland das letzte ernstzunehmende Widerlager gegen ein sich seit Jahren nationalistisch verengendes Geschichtsbild, in dem unverhüllte Stalin-Apologie schon jetzt ihren Platz hat.

10. Dezember 2016

Geschichtspolitik

Wenn Diktatoren über Geschichte befinden, ist Gefahr im Verzuge. Aber auch unter Populisten und Nationalisten kann es so abschreckend werden wie derzeit in Danzig

Viele, vielleicht sogar die meisten Historiker werden nach wie vor nervös, wenn Politiker sich anschicken, mit Geschichte Politik zu machen. Ich finde das beruhigend. Denn während die gesellschaftliche Nachfrage nach historisch-politischer Aufklärung zu schwächeln scheint, ist es in den letzten etwa drei Jahrzehnten zur weithin akzeptierten Gewohnheit geworden, dass sich Regierende – mitnichten nur in Deutschland – als Initiatoren historischer Museen, Denkmäler oder Gedenktage zu profilieren suchen. Und dies, obwohl derartige Ambitionen nur allzu oft zu kaum wieder einzufangenden politischen Peinlichkeiten, ja sogar zu internationalen Verwicklungen führen. Man denke nur an das Desaster um das von Erika Steinbach gegen alle begründeten Einwände vorangetriebene »Zentrum gegen Vertreibungen«, das nun irgendwann in einem Bundesmuseum enden soll.

Geschichtspolitische Totalschäden oder Beinahe-Havarien galten lange Zeit als eine deutsche Spezialität – unschön, gewiss, aber doch auch erklärlich angesichts der harten gesellschaftlichen Auseinandersetzungen um den angemessenen Umgang mit unserer nationalsozialistischen Vergangenheit. Über die wurde, soviel ist im Rückblick klar, nie zuvor und nie mehr danach heftiger gestritten als während der Kanzlerschaft Helmut Kohls. Wobei der promovierte Historiker immer wieder selbst die Anlässe lieferte: mit missverständlichen Worten wie jenem von der »Gnade der späten Geburt« 1984 in Israel, mit falschen Gesten wie jener auf dem Soldatenfriedhof in Bitburg am 5. Mai 1985, vor allem aber mit präzedenzlosen Museumsplänen. Als Kohl 1998 schließlich abgewählt wurde, reichte der Stein gewordene Teil seiner geschichtspolitischen Bilanz von der Gründung des Hauses der Geschichte der Bundesrepublik in Bonn über die Umgestaltung der Neuen Wache und des Deutschen Historischen Museums in Berlin bis hin – eine erstaunliche persönliche Kehrtwende angesichts seiner früheren Aversionen gegen das Holocaust-Museum in Washington – zur Zustimmung zum Denkmal für die ermordeten Juden Europas.

Weniger spektakulär, aber nicht weniger grundlegend, war die intellektuelle Positionsverschiebung, die unter dem Druck der Kohl'schen Initiativen stattgefunden hatte: Noch Anfang der achtziger Jahre waren sich Politik und Geschichtswissenschaft in der Bundesrepublik recht einig gewesen in der Überzeugung, dass die kritische – und mit Blick auf die NS-Zeit meinte das ja stets: die selbstkritische – Auseinandersetzung mit der Geschichte zuallererst Sache der Gesellschaft, nicht des Staates sei. Diesen Konsens hatte Kohl durchbrochen. Mit dem Ziel historischer Sinnstiftung aus dem Kanzleramt heraus begann die Karriere des Neologismus »Geschichtspolitik«; von Kohls Gegnern kritisch gemeint, gebrauchten ihn Kohls Unterstützer bald auch zustimmend.

Seitdem sehen sich Historiker, denen der bis dahin ungebräuchliche (und unterdessen auch im Kontext der DDR-Geschichte übliche) Begriff weiterhin schrill in den Ohren klingt, dem Vorwurf ausgesetzt, sie wollten nur ihr Terrain verteidigen. Dabei weiß jeder, dass die Repräsentation und Deutung von Vergangenheit in modernen Mediengesellschaften – zum Glück – von niemandem monopolisiert werden kann. Sehr wohl allerdings lässt sich Geschichtspolitik in den Dienst der Antiaufklärung stellen.

Ein brutales Beispiel dafür ist gegenwärtig in Danzig zu besichtigen. Dort war auf Initiative des liberalkonservativen Ministerpräsidenten Donald Tusk 2008 mit der Planung eines modernen, auf internationale Besucherströme ausgelegten Museums zur Geschichte des Zweiten Weltkriegs begonnen worden, das erstmals die Erfahrung der Zivilbevölkerung in den Mittelpunkt rückt. Wissenschaftlichen Gepflogenheiten entsprechend, zog der weltgewandte junge Direktor Paweł Machcewicz historische Experten, Museumsfachleute und Ausstellungsmacher nicht allein aus Polen bei, sondern aus ganz Europa, Israel und den USA. In erstaunlicher Geschwindigkeit entwickelte er mit seinem Team eine beeindruckend multiperspektivische Konzeption für das expressive, auf der Brachfläche der ehemaligen »Großen Gasse« heranwachsende Gebäude. Ein Begleitprogramm machte das Projekt seit Jahren bekannt. Auch deshalb lieferten Menschen von überall her persönliche Erinnerungsstücke ein und bereicherten damit die auf 5000 Quadratmetern entstehende Ausstellung. Seit deren Eröffnung vor einem Monat kamen bereits 50 000 Besucher. Doch der Gründungsdirektor ist inzwischen gefeuert.

Hintergrund der Entlassung von Machcewicz und zweien seiner Stellvertreter ist weder irgendein Fehlverhalten noch gar mangelnder Erfolg. Der Vorwurf lautet auf Kosmopolitismus. Genauer gesagt: Die Danziger Schau beschäftigt sich nach Meinung der Regierenden in Warschau zu wenig mit dem Leid der Polen, zu viel mit dem Holocaust und überflüssigerweise auch noch mit anderen von Deutschland im Zweiten Weltkrieg überfallenen Völkern. Schon im Sommer letzten Jahres – also ohne die Ausstellung gesehen zu haben – hatte ein Abgeordneter der rechtsnationalen PiS (»Recht und Gerechtigkeit«) verkündet: Die Polen hätten ein Recht darauf, dass in Polen errichtete Museen die polnische Perspektive einnehmen. Viel mehr an geschichtspolitischer Borniertheit ist schwer vorstellbar.

Gemeint ist mit solchen Sätzen, dass alles zu unterbleiben hat, was das holzschnittartige Selbstbild einer Nation der Märtyrer und Opfer beeinträchtigen könnte. Graustufen und Zwischentöne gelten als Manie westlicher, im Zweifel jüdischer Liberaler. Selbstkritische Debatten über die Vergangenheit, wie sie im postkommunistischen Polen vor 15 Jahren geführt wurden – zum Beispiel über Jedwabne, wo im Sommer 1941 polnische Bürger unter den Augen der deutschen Besatzer ein Massaker an ihren jüdischen Nachbarn angerichtet hatten –, sind heute unerwünscht.

Wie es mit dem aufgeklärten (Anti-)Kriegsmuseum weitergeht, ist offen. Zeiten der Gegenaufklärung sind Zeiten strammer Geschichtspolitik.

29. April 2017

Potempaville

Rechte Gewalt und Phantasien über »weiße Vorherrschaft« gab und gibt es nicht nur in den USA. Doch die präsidiale Verharmlosung des Hasses weckt böse Erinnerungen

Nein, es geht nicht darum, Trump einmal mehr mit Hitler zu vergleichen. Wohl aber geht es um Assoziationen, die sich unweigerlich einstellen angesichts der Bilder und Parolen, die uns am vergangenen Wochenende aus Charlottesville erreichten – angesichts von Hakenkreuzfahnen, Sieg-Heil-Gesten und fackeltragenden Antisemiten, angesichts von Terror, Rassenhass und Mord. Und es geht um die Frage, wie der Präsident der Vereinigten Staaten von Amerika auf eine derartige Demonstration unverhüllt faschistischer Gewalt reagiert.

In der Nacht zum 10. August 1932 war im oberschlesischen Potempa eine Horde bewaffneter SA-Männer und Angehöriger des polenfeindlichen »Selbstschutzes« in das Haus des Bergarbeiters Konrad Pietczuch eingedrungen, hatte den Gewerkschafter aus seinem Bett gezerrt und unter den Augen seiner Mutter und seines Bruders zu Tode getrampelt. Sechs der neun Angeklagten wurden zwölf Tage später in Beuthen von einem Sondergericht verurteilt, vier davon zum Tode »wegen Totschlags als Angreifer aus politischen Beweggründen«.

Die Formulierung nahm Bezug auf eine Notverordnung, die Reichskanzler Franz von Papen nur Stunden vor der Bluttat beim Reichspräsidenten erwirkt hatte. Sie sollte die bürgerkriegsähnlichen Zustände beenden, die von Papen selbst begünstigt hatte, indem er das im Frühjahr 1932 noch unter seinem Vorgänger Heinrich Brüning erlassene und vor allem im

SPD-regierten Preußen durchgesetzte SA-Verbot aufgehoben und Aufmärsche in Parteiuniformen wieder erlaubt hatte. Daraufhin hatten sich Nationalsozialisten und Kommunisten in den Wochen vor der Reichstagswahl am 31. Juli fast täglich Schlachten geliefert, die insgesamt etwa hundert Tote und weit über tausend Verletzte forderten. Als Hitler trotz seines triumphalen Wahlsiegs, bei dem sich der Stimmenanteil der NSDAP auf über 37 Prozent verdoppelte, nicht an die Macht gelangte, agierten die Braunhemden brutaler denn je. Der Mord von Potempa war ein Ausdruck ihrer Frustration.

Unter den schreckenerregenden Bildern aus Charlottesville sind etliche, deren Protagonisten die Gewaltästhetik der späten Weimarer Republik zielbewusst zu reinszenieren scheinen: hellhäutige Hünen mit Baseballschlägern auf einem Pickup, schildbewehrte Schwarzuniformierte in Kampfhaltung, paramilitärische Straßenstreifen mit Maschinenpistolen und Munitionsgürteln – in Potempa und anderswo im Deutschland der dreißiger Jahre waren es Billardstöcke, Lastwägen und Karabiner. Die Fahnen sind oft gleichgeblieben, ergänzt freilich um die Flagge der Konföderierten aus dem amerikanischen Bürgerkrieg, und auch in ihren Losungen halten sich die Herrschaften von der »White Supremacy« gern ans Blut-und-Boden-Original: »*Blood and soil*« hieß es auf Transparenten beim provozierenden nächtlichen Fackelzug der »Alt Right« über den Campus der Universität von Virginia, der dem offenen Ausbruch der Gewalt am Samstagvormittag vorausging. Passend dazu skandierten die Alt- und Neo-Nazis »*You will not replace us*«.

Letzteres entspricht dem »Bevölkerungsaustausch«, von dem die schein-smarten Identitären in Deutschland und Europa faseln. Hörte man in Charlottesville genauer hin – die Ereignisse sind auf Youtube inzwischen tausendfach dokumentiert –, klang das »*You*« bei den weißen Suprematisten häufig wie »*Jews*«. Rassismus und Antisemitismus gehen also wieder einmal Hand in Hand, und in den Juden sieht die Neue Rechte, nicht anders als die Alte, bekanntlich immer schon die verschwörerische Verkörperung alles dessen, was sie an der Moderne stört.

Vor diesem Hintergrund erinnert die Art und Weise, wie Donald Trump den Terror von Charlottesville und den Tod einer Gegendemonstrantin kommentierte, frappierend an das Taktieren der Rechten in der Weimarer Republik.

Im Braunen Haus, der Münchner Parteizentrale der NSDAP, gingen die Meinungen, wie der »Führer« auf das Urteil gegen die Potempa-Mörder reagieren solle, offenbar auseinander; Hitler selbst, so erfuhr ein journalistischer Insider, habe von den Tätern abrücken wollen und sich erst auf Druck von SA-Chef Röhm zur Vorwärtsverteidigung entschlossen. Dann aber versicherte er die Verurteilten seiner »unbegrenzten Treue« – und ging mit Reichskanzler von Papen scharf ins Gericht: Der habe mit der Terrornotverordnung und den darauf gründenden Todesurteilen »seinen Namen mit dem Blute nationaler Kämpfer in die deutsche Geschichte eingezeichnet. Die Saat, die daraus aber aufgehen wird, soll man künftig nicht mehr durch Strafen beschwichtigen können. Der Kampf um das Leben unserer fünf Kameraden setzt nun ein.«

Hitler musste nicht viel kämpfen; zwei Wochen nach dem Urteil verfügte von Papen nach kurzer Beratung im Preußischen Staatsministerium – das war seit dem »Preußenschlag« vom 20. Juli 1932 gleichgeschaltet – die Begnadigung der Verurteilten zu lebenslänglichem Zuchthaus mit dem Argument, den Tätern habe die Notverordnung zum Zeitpunkt ihrer Tat noch nicht bekannt sein können. Im März 1933 profitierten die fünf dann natürlich von der NS-Amnestie für Straftaten »im Kampf für die nationale Erhebung«.

Wenn Trump nun in einem obszönen Hin und Her einerseits die Schönheit (!) der getöteten jungen Frau und die Tapferkeit ihrer Familie bewundert und andererseits immer wieder über die Schuld auf Seiten der Gegendemonstranten spricht (fraglos waren darunter einige Anhänger einer militanten Antifa, die sich inzwischen auch in den USA organisiert), wenn er unter Rassisten und Nazis die »guten Menschen« hervorhebt und deren vermeintlich edle Motive verteidigt – dann verhält er sich ganz ähnlich wie die altrechten Eliten der Weimarer Zeit, die die Nationalsozialisten im Kampf gegen die Linke päppelten.

Nein, Trump ist nicht Hitler, und die Welle des Protests, die dem Präsidenten jetzt entgegenschlägt, zeigt: Die amerikanische Gesellschaft von heute ist eine andere als die deutsche von vor 85 Jahren. Aber wer sagt, dass Assoziationen sich erst einstellen dürfen, wenn die Schrecken sich gleichen?

19. August 2017

Eingepreist

»Die Wirtschaft« gibt es nicht. Aber in der Wirtschaft gibt es zu viele, denen die Zukunft der Demokratie nur ein Kalkulationsfaktor ist

In einer Welt, die aus den Fugen geht, sucht der nicht völlig abgebrühte Anleger mehr noch als früher nach Sicherheit. So jedenfalls scheint man in der Investmentbranche zu kalkulieren, die – eine Dekade nach dem letzten großen Crash – nun auch den von jahrelangen Nullzinsen frustrierten Sparer zu locken sucht. Mittel der Wahl sind dabei nicht mehr nur lancierte, als Nachrichten getarnte Elogen auf Aktienfonds und schnöde Verkaufsprospekte auf Anteile an Windparks oder Fluggerät. Hinzugekommen sind oft edel aufgemachte, natürlich »exklusive« Kundenmagazine, deren Lektüre sich für Anleger womöglich ökonomisch, für alle anderen wenigstens politisch lohnt.

»Megatrends: Anlegen in einer Welt im Wandel« lautete in einem dieser Gratishefte die Überschrift, bei der ich unlängst hängengeblieben bin. Der kurze Text versammelt Informationen über technologische, demografische und soziokulturelle Entwicklungen unserer Gegenwart, die keinem halbwegs aufmerksamen Zeitungsleser entgangen sein können, die an dieser Stelle aber, auf dass sie noch der Unbedarfteste verstehe, ein zusätzliches Schaubild in eine scheinbar klare Ordnung bringt. Irritierend an der Darstellung ist nicht nur, dass ihr namenloser Autor offenbar glaubt, von allen aufgezählten »Megatrends, die unsere Welt unaufhaltsam verändern«, lasse sich eine Spalte »Politische Veränderungen« fein säuberlich separieren. Mehr noch ins Auge springt gleich der erste Eintrag unter dieser Rubrik: »Abschied von klassischer Demokratie«.

Ist das nun, so fragt man sich, der versehentlich gewährte Einblick in die Arbeits- und Denkweise des die Gegenwart in Tabellenform zwingenden Investmentbankers? Oder ist es der demonstrative Ausdruck jener vorgeblich illusionslosen Kaltschnäuzigkeit, mit der die Branche ihre nach »realistischer Analyse« verlangenden Kunden zu beeindrucken sucht? Man weiß nicht, was man für schlimmer halten soll: Mit wieviel politischer Borniertheit oder mit welcher Nonchalance ein solches Schema die Demokratie zum Auslaufmodell erklärt.

Gewiss, in letzter Zeit mehren sich die filmischen und literarischen Auseinandersetzungen mit der digitalisierten Finanzindustrie. Was in den achtziger Jahren, als die Branche aufblühte und das hergebrachte Genre der Tycoon-Story aus der Welt des alten Wirtschaftens sich neu erfinden musste, im Stile einer noch stets etwas frivolen Geschichte aus New York daherkam (»Wall Street«, »Fegefeuer der Eitelkeiten«), das spielt mittlerweile, eher düster als glamourös, auch in Frankfurt oder London. Aber damals wie heute bleiben die meisten dieser Plots an der zweifelhaften Oberfläche des schnellen, reichen Lebens ihrer Protagonisten. Oder sie verlieren sich in deren abgründigem Seelenleben. Einen kritisch sezierenden Blick auf ihre professionellen Praktiken findet man – nach der jeweils letzten Krise – am ehesten in aktuellen Dokumentationen. Doch auch dort ist mir noch kein Hinweis auf ein Geschäftsgebaren begegnet, welches das Ende der »klassischen Demokratie« unverhohlen einzupreisen sucht.

Was angesichts einer solchen Entwicklung augenscheinlich nottut, ist eine öffentliche Debatte, die sich nicht, wie in der Wirtschaftsberichterstattung in der Regel der Fall, auf gleichsam systemimmanente Kritik beschränkt, wenn in den Sky Offices der Finanzindustrie mit Systemüberwindung gerechnet wird. Statt alle Aufmerksamkeit auf die jeweils neuesten Skandale und Betrügereien zu lenken, ist viel grundsätzlicher zu fragen: nach dem Selbstverständnis einer Branche, die schon oft genug peinliche politische Erbötigkeit, ja Geringschätzung für die Demokratie unter Beweis gestellt hat. Man denke nur an das apologetische Geschwätz über »Asian Values« in den Neunzigern oder an die noch immer nicht ganz abgestorbene neidvoll-blinde Begeisterung für die Wachstumsraten der chinesischen Volkswirtschaft.

Am Ende freilich geht es nicht allein um die Gordon Gekkos des 21. Jahrhunderts. Die Herren (inzwischen vereinzelt auch Damen) des Investmentbankings sind ja nur die Vorhut eines globalen Kapitalismus, der darauf zielt, sich aller staatlich-politischen Einhegung zu entledigen. Wo, wenn nicht in Europa – unter den Bedingungen einer zweifellos in die Krise geratenen, aber noch lange nicht abschiedsreifen »klassischen Demokratie« –, sollte es gelingen, dessen Repräsentanten an die Interessen unserer Gemeinwesen und an ihre sich daraus ergebenden Pflichten zu erinnern? Denn frei nach dem klugen, auf den freiheitlichen säkularen Staat gemünzten Wort von Wolfgang Böckenförde gilt auch für den Spätkapitalismus: Er »lebt von Voraussetzungen, die er selbst nicht garantieren kann« – und für die eine funktionierende Demokratie allemal die »nachhaltigere« Gewähr bietet als die autoritären Systeme im wachsenden Rest der Welt.

Nicht nur die Finanzindustrie, alle »Global Players«, die hierzulande Geschäfte machen wollen, sollten energischer als bisher darauf verpflichtet werden, ihren Beitrag zum gesellschaftlichen Zusammenhalt zu leisten. Dazu gehört nicht nur, dass Mitarbeiter anständig entlohnt und Steuern dort bezahlt werden, wo Gewinne entstehen; dazu gehört auch das Eintreten für die Werte und Normen der Demokratie.

Es mag ein Anfang sein, wenn Joe Kaeser auf die menschenfeindliche Demagogie einer Alice Weidel treffend repliziert: »Lieber ›Kopftuch-Mädel‹ als ›Bund Deutscher Mädel‹.« Aber mit einer Twitter-Zeile ist es bei weitem nicht getan. Demokratiepolitisches Engagement verlangt mehr als das Schielen auf das »Ansehen unseres Landes in der Welt«, das den Siemens-Chef erklärtermaßen bewog.

26. Mai 2018

Zerstäuber

Auch der schickste Flakon verwandelt den Gestank des Faschismus nicht in Wohlgeruch. Manchen Politikern dient er trotzdem als politisches Parfum

In der Nähe von Tel Aviv gibt es Raketenalarm, unter den einfachen Leuten im Gazastreifen herrschen Wut und Verzweiflung angesichts ihrer ökonomischen Lage, und eineinhalb Wochen vor der Wahl zur Knesset ist ein neuer Waffengang zwischen dem israelischen Militär und der palästinensischen Hamas nicht ausgeschlossen.

Vor diesem Hintergrund mag manchem die Aufregung künstlich erscheinen, die Ajelet Schaked unlängst mit der Wahlwerbung für ihre Partei »Die Neue Rechte« ausgelöst hat. Doch der 44-sekündige Videoclip hat es in sich. Fotografiert im Stil teurer Kosmetikreklame, will sagen: schwarz-weiß und in Zeitlupe, zeigt er die bildschöne israelische Justizministerin, wie sie ihren Schmuck anlegt, die Freitreppe eines eleganten Appartements hinabsteigt und an deren Ende zum Parfumflakon greift. Allein der Name des Dufts schimmert leicht golden – »Fascism«. Schaked drückt auf den Zerstäuber, blickt in die Kamera und befindet: »Für mich riecht es wie Demokratie.«

Worauf sich der Satz genau bezieht, bleibt erst einmal ebenso unklar wie die Frage, ob er ernst oder – was der des Hebräischen nicht mächtige Betrachter instinktiv hofft – ironisch gemeint ist. Aber dann schaltet man die Untertitelung ein und liest im zweiten Durchlauf die Übersetzung der wenigen Worte, die eine vom Piano untermalte Stimme aus dem Off in den Sekunden flüstert, bevor die anmutige Hauptdarstellerin ihr Parfum »Faschismus« auflegt. Nun ist kein Zweifel mehr, wofür die Ministerin steht und wofür sie das Wahlvolk gewinnen will: für eine harte Hand gegenüber Kritikern der israelischen Armee und anderen zivilgesellschaftlichen Aktivisten, für die Berufung scharfer Richter und für die Beschränkung der Macht des von den Rechten für viel zu lasch und liberal gehaltenen Obersten Gerichtshofs. Am Ende dann ein Satz, der wie einst bei Carl Schmitt auf die Unterscheidung zielt zwischen Freund und Feind, und den die einen als Versprechen, die anderen nur als Drohung verstehen können: »Die nächste Revolution kommt.«

Eine »konservative Revolution« hatte, vor gut einem Jahr, auch Alexander Dobrindt angekündigt – offenbar im Glauben, abtrünnig gewordene Unionswähler mit strammen Parolen gegen eine angebliche »linke Meinungsvorherrschaft« wieder einfangen zu können. Mag sein, dass der Landesgruppenchef der CSU nicht wusste, welchen historisch hochkontaminierten Begriff er damit aufrief; erstaunlich auch, dass er als Spitzenrepräsentant einer demokratischen Partei die Revolution in Aussicht stellte. Terminologisch war Dobrindt mit seiner Wortwahl jedenfalls in den frühen dreißiger Jahren gelandet beziehungsweise bei dem aus Basel stammenden Armin Mohler. Der nämlich, in jungen Jahren ein begeisterter SS-Mann, hatte die rechtsintellektuellen Totengräber der Weimarer Republik (Jungkonservative, Nationalrevolutionäre, Völkische) in seiner 1950 abgeschlossenen Dissertation unter dem Etikett der »konservativen Revolution« zusammengefasst und verniedlicht. Heute bemühen sich die Neuen Rechten im Umkreis der AfD um die Ehrenrettung dieser Antidemokraten und um die Wiederbelebung ihres Denkens. Der enorme rhetorische Aufwand, den sie dabei betreiben, erklärt sich aus dem am Ende natürlich illusorischen Versuch einer Abgrenzung gegenüber dem real existiert habenden Nationalsozialismus.

Derlei Komplikationen kennt die israelische Rechte nicht. In einer seit Jahrzehnten durch äußere Belagerung, Krieg und Besatzungspolitik geprägten politischen Kultur, in der entsprechend raue Sitten herrschen, ist der provozierende Umgang mit der Geschichte nur eines der Instrumente im Besteckkasten populistischer Politik. Ajelet Schaked arbeitet damit auf fast schon abstrakt zu nennende Weise – anders als hierzulande etwa Alexander Gauland, der sich noch ganz konkret mit braunem »Vogelschiss« abmüht und seinen Stolz bekundet auf die »Leistungen« der deutschen Soldaten in den beiden Weltkriegen.

Doch in dem, was ihr ruchloser Flirt mit dem Faschismus bezwecken soll, unterscheidet sich die radikale Rechte in Israel wenig vom Umgang der AfD mit dem Nationalsozialismus und von ihren Spießgesellen überall sonst: Der Skandal der historischen Sinnzerstörung, der Relativierung und der Verharmlosung verspricht öffentliche Aufmerksamkeit, und um die zu erheischen, ist jedes Mittel recht. Denn nur wer das Ohr des Publikums findet, kommt dem erklärten Ziel der Rechten näher – der Transformation der liberalen Demokratie in die vermeintlich »wahre« Herrschaft des Volkes. Gut möglich, dass der laufende Wahlkampf die einzige funktionierende Demokratie des Nahen Ostens ein Stück weiter in diese Richtung verschiebt.

In Israel wie in großen Teilen Europas, in den USA des Donald Trump und in Gestalt von Jair Bolsonaro jüngst auch in Brasilien feiert eine populistische Rechte politische Erfolge, die sich gegen das System der repräsentativen Demokratie und deren Eliten stellt, die auf den Rechtsstaat pfeift und dessen Institutionen zu ruinieren trachtet. So wie Präsident Trump den Supreme Court mit willfährigen Richtern besetzt, will Ministerin Schaked das bislang bemerkenswert selbstbewusste und demokratisch standfeste israelische Justizsystem politisch an die Leine nehmen und die Gewaltenteilung untergraben.

Was den historischen Faschismus mit dem Rechtspopulismus unserer Gegenwart vereint, sind die Ingredienzen gezielter Menschenfeindlichkeit: Nationalismus, Rassismus und die Herrschaft des gesunden Volksempfindens. Als Demokratie gilt den Rechten, wenn ihre Mehrheit über alle Minderheiten triumphiert. Gegen dieses »Missverständnis« sind klare Worte geboten, aber auch stärkere Anstrengungen in der politischen Bildungsarbeit. Und gefragt ist das Vorbild des respektvollen Streitens unter Demokraten. Wer in Zeiten wie diesen die Politik der eigenen Kanzlerin mit dem Begriff der »Gleichschaltung« belegt – der perfiden Nazi-Vokabel aus dem Frühjahr 1933 –, der hat als neuer Bundesvorsitzender der Jungen Union hoffentlich nur einen bösen Anfangsfehler gemacht.

29. März 2019

Faustgruß

Der Sturm auf das Kapitol beschäftigt inzwischen das FBI, aber auch Historiker. Fragen aus der Anfangszeit von Trumps Präsidentschaft kehren zurück

War, was sich am Dreikönigstag 2021 in Washington ereignete, ein vereitelter Putsch? Oder war es »nur« ein irrwitziger Ausbruch planloser Gewalt? Glaubte Trump tatsächlich, durch den Aufruhr die Zertifizierung des Wahlergebnisses verhindern und sich an der Macht halten zu können? Dass er die Wut seiner Anhänger vorher wochenlang angestachelt hatte, mit Lügen über die angeblich »gestohlene Wahl«, steht außer Frage. Auch konnte (und kann bis heute) alle Welt im Netz sehen, wie der abgewählte Präsident im Verlauf seines unerhörten mittäglichen Auftritts vor dem Weißen Haus die Meute mehrfach animierte, zum Kapitol zu ziehen, um »unsere tapferen Senatoren und Kongressmänner und -frauen anzufeuern«. War das ein Aufruf zum Umsturz? Sein Versprechen, mitzumarschieren, löste Trump jedenfalls nicht ein, und einmal immerhin gelang es ihm, zwischen all seinen Drohungen und Protestankündigungen das Wörtchen »friedlich« unterzubringen.

Für das neue Impeachment-Verfahren dürfte das Video der mehr als einstündigen Tirade noch wichtig werden, bis hin zu Trumps schwarzbehandschuhtem Faustgruß am Ende. Darüber hinaus wird zu ermitteln sein, ob es Verbindungen, vielleicht sogar kriminelle Verabredungen gab zwischen dem Weißen Haus, den Organisatoren und Hintermännern des Protests und den Eindringlingen im Kapitol; im amerikanischen Strafrecht hieße man solches – und das klingt wie bittere Ironie in Zeiten grassierender Verschwörungsbehauptungen – »Conspiracy«.

Doch auch jenseits all dessen, worum sich jetzt die Justiz kümmern muss, verlangt der Aufstand vom 6. Januar nach Erklärung und Einordnung. Trumps Abflug nach Florida am Mittwoch vergangener Woche hat die Fragen ja nicht erledigt, auf denen das intellektuelle Amerika seit dem 8. November 2016 praktisch pausenlos herumgekaut hat. Nun stehen Kolumnistinnen und Leitartikler, Politikwissenschaftlerinnen und nicht zuletzt Historiker vor einer neuen Runde im Bemühen, die beispiellose Krise, den Beinahe-Absturz des politischen Systems der USA auf den Begriff zu bringen. Bislang gehörte dazu vielfach auch der prüfende Blick in die Geschichte des 20. Jahrhunderts: Trägt es zum Verständnis der Lage bei, Trump einen Demagogen, einen antidemokratischen Populisten oder gar einen Faschisten zu heißen?

Die Rede vom »Trumpismus« hat sich zwar erst im Laufe der Amtszeit des 45. Präsidenten eingebürgert. Aber von Anfang an gab es unter den Kritikern eine Geneigtheit, in Trumps Rhetorik des »America first«, in seinem nationalistischen Gebaren und seiner Abkehr von allem, was als überstaatliche Kooperation oder Weltinnenpolitik verstanden werden könnte, Elemente von Faschismus und Nationalsozialismus auszumachen. Christopher Browning hat den Sinn und Nutzen solcher Vergleiche in der *New York Review of Books* schon 2018 brillant durchbuchstabiert. Das Urteil des Holocaust-Historikers über Trump fiel dabei vernichtend aus, aber fast noch schärfer war sein Verdikt über die Republikanische Partei: Namentlich Mitch McConnell, ihrem Mehrheitsführer im Senat, wies Browning – in klarer Analogie zum zerstörerischen Kalkül der Alten Rechten in der Weimarer Republik – ein hohes Maß an Mitschuld für Amerikas Weg in den Illiberalismus zu. Und ganz besonders empörte ihn der Stolz, mit dem die Republikaner damals ihr lohnendes »Investment« in Trump betrachteten: wie einst die reaktionären Ermöglicher von Hitlers Kanzlerschaft.

Seit letzter Woche ist McConnell bekanntlich nur noch Minderheitsführer, und der »Grand Old Party« droht womöglich die Spaltung. Über die Zukunft des Trumpismus ist damit allerdings noch nichts gesagt: Bleiben die Republikaner zusammen, könnten Trumps Gesinnungsfreunde im Kongress die Führung übernehmen; bricht die Partei auseinander, könnte eine trumpistische Bewegung entstehen – eine Antiparteien-Partei mit Trump als Anführer oder auch nur als entrückter Symbolfigur. Das Ende des Zweiparteiensystems, schließlich des hergebrachten Machtgefüges der USA, käme in Sicht.

Bislang hat sich der vormalige Immobilienkönig für den Aufbau eines eigenen politischen Apparats nicht interessiert; zu seinem Image als »Wheeler and Dealer« gehörten vielmehr Regelbruch und Institutionenverachtung. Aber nur weil Trump als Präsident wenig Anstalten machte, auf ihn zugeschnittene Organisationsstrukturen zu entwickeln oder vorhandene konsequent zu usurpieren – beides Kennzeichen der faschistischen Bewegungen im Europa der Zwischenkriegszeit –, heißt das nicht, dass solches nicht noch geschehen könnte. Längst schon stehen für den Kampf gegen die liberale Gesellschaft und die als »Deep State« denunzierte Verfassungsordnung der Vereinigten Staaten paramilitärische Gruppen und Verbünde in beängstigender Zahl bereit: etwa die radikalrassistischen »Proud Boys«, mit deren Wohlwollen Trump im Wahlkampf schamlos kokettierte.

Genauso gut kann es freilich sein, dass der golfende Ex-Präsident nun nur noch die Sonne Floridas sucht; sein Teint würde davon vermutlich profitieren. Denn das gehört ja auch zu jeder vorläufigen Bilanz seiner Amtszeit, die nach historischen Vergleichspunkten sucht: Wenn überhaupt an irgendetwas außerhalb seines narzisstischen Ichs, dann war Trump an einem Amerika interessiert, das seine persönliche Großartigkeit unterstreichen würde. »Make America great again« stand in diesem Sinn für eine geschäftsgierige Form des Isolationismus – viel eher jedenfalls als für ein Denken in den klassischen Kategorien des Imperialismus. Seine Hinneigung zu starken Männern (Putin, Kim Jong-un) vertrug sich bestens mit seiner Feindseligkeit gegenüber dem Rest der Welt, die eben alles andere war als Ausdruck faschistischer Expansionslust.

Aus der Geschichte zu lernen heißt nicht, schematisch nach Wiederkehrendem zu suchen, sondern aus der Kenntnis vergangener Konstellationen einen Sinn zu entwickeln für neue Bedrohungen. Amerikas Jahre mit Trump, zumal deren katastrophales Ende, sind eine eindrückliche Mahnung, dass die Gefahren des Autoritarismus nicht gebannt sind, in den USA so wenig wie irgendwo sonst in den Demokratien des 21. Jahrhunderts.

29. Januar 2021

Gegenaufklärung

Nationalkonservative und Populisten pflegen gern ihre eigene Version der Geschichte. Das zeigt höchst eindrücklich die Dämonisierung einer Holocaust-Forscherin in Polen

Die Bilder sind noch in frischer Erinnerung: der polnische und der israelische Staatspräsident und, erstmals zu diesem Anlass, der deutsche Bundespräsident zusammen vor dem Ehrenmal für die Opfer des Warschau Ghettoaufstands vom April 1943, alle mit einer stilisierten Narzisse am Revers als Zeichen der Einigkeit im Gedenken. Nur wenige Wochen später wird klar, wie brüchig, ja wie illusorisch die Vorstellung ist, es gäbe nach 80 Jahren tatsächlich schon so etwas wie eine gemeinsame, in den drei Ländern geteilte Erinnerung an die Ermordung der europäischen Juden. Anlass dieser ernüchternden Erkenntnis sind Bestrebungen der polnischen Regierung, eine Warschauer Wissenschaftlerin mundtot zu machen, die ein paar geschichtliche Wahrheiten ins Gedächtnis gerufen hat.

Barbara Engelking ist eine international hoch anerkannte Soziologin, die an der Polnischen Akademie der Wissenschaften ein Zentrum für Holocaust-Forschung gegründet und seit mehr als zwei Jahrzehnten eine Reihe bedeutender Untersuchungen zum Verhältnis zwischen jüdischen und nichtjüdischen Polen unter deutscher Besatzung vorgelegt hat. Zum diesjährigen Gedenktag hat sie für das Museum für die Geschichte der polnischen Juden (Polin) eine eindrucksvolle Sonderausstellung konzipiert. Deren Augenmerk gilt dem Überlebenswillen der etwa 50 000 Männer, Frauen und Kinder, die von den im Warschauer Ghetto einst zusammengepferchten mehr als 450 000 Menschen zuletzt noch übrig waren und in einem Labyrinth unterirdischer Bunker dem Tod zu entgehen suchten; über Waffen verfügten nur die etwa eintausend Kämpferinnen und Kämpfer.

Am Rande der Gedenkfeierlichkeiten stand Engelking einem Fernsehsender Rede und Antwort – und widersprach dabei der vor allem unter nationalkonservativen Polen beliebten Legende, wonach sich die Juden während der deutschen Besatzung auf ihre nichtjüdischen Nachbarn verlassen konnten. Jene Polen, die Juden geholfen hätten, so die Forscherin, seien Helden. Aber davon habe es nur wenige gegeben.

Für Ministerpräsident Mateusz Morawiecki, selbst ausgebildeter Historiker, war das schon zu viel der historisch-kritischen Aufklärung: Die »Person« habe ein skandalöses, »anti-polnisches Narrativ« verbreitet und all jene beleidigt, die unter der grausamen Besatzungsherrschaft leben mussten. Przemysław Czarnek, sein als ultrakonservativ bekannter Minister für Erziehung und Wissenschaft, legte nach: Er werde das Akademieinstitut für Philosophie und Soziologie, an dem Engelking forscht, finanziell nicht weiter ausstatten, solange dort Leute beschäftigt seien, »die die Polen verleumden«.

Erfreulicherweise stießen die Drohungen aus den Reihen der PiS, die damit wohl auch schon Punkte für die Parlamentswahl im Herbst sammeln will, sofort auf heftigen Protest. Mehrere Tausend polnische Wissenschaftlerinnen und Wissenschaftler aller Disziplinen haben sich mit ihrer Kollegin solidarisiert und verweisen auf die in der Verfassung garantierte Freiheit der Forschung; angesichts der radikalen Attacken aus der Regierung sei es Zeit für Einigkeit »unabhängig von allen sonstigen Differenzen«. Auch aus der internationalen Gemeinde der Holocaust-Forschung kommt Unterstützung: Die Namen zahlreicher Fachleute aus Israel, den USA, Deutschland und anderen europäischen Staaten stehen unter einer Resolution, die Barbara Engelking nicht nur gegen die Absicht verteidigt, ihren wissenschaftlichen Ruf zu ruinieren, sondern die auch davon spricht, ihren Widersachern gehe es darum, sie samt ihrer Arbeit zu »dämonisieren«.

Tatsächlich handelt es sich nicht um den ersten Versuch polnischer Populisten, die Geschichte ihres Landes im Zweiten Weltkrieg gegen jede noch so seriöse Kritik abzuschirmen. Am Mythos der unbefleckten »Märtyrernation«, so kritisierte der Bürgerrechtler Jacek Kuroń schon vor Jahrzehnten, soll um den Preis der Anerkennung des Leidens anderer festgehalten werden. Wer darauf hinweist, dass es unter deutscher Besatzung – wie überall in Europa – auch in Polen Kollaboration gegeben hat und neben Hilfe für Juden auch Mittäterschaft an der Seite der Deutschen, der muss sich auf heftige Reaktionen einstellen.

Vielleicht am verstörendsten war das bislang in der Debatte um den polnisch-amerikanischen Historiker Jan T. Gross zu sehen, der 2001 ein Buch über das Massaker von Jedwabne veröffentlichte. Einwohner der Kleinstadt nordöstlich von Warschau hatten im Sommer 1941 nach dem Abzug der sowjetischen Besatzer in Gegenwart der Deutschen ihre jüdischen Nachbarn ermordet und sich deren Habe bemächtigt. Zum 60. Jahrestag des Pogroms bat der damalige polnische Staatspräsident Aleksander Kwaśniewski an einem neu errichteten Mahnmal die Angehörigen der mehreren Hundert Opfer förmlich um Vergebung – während die Einheimischen großenteils fernblieben.

Mit dem Ende der Präsidentschaft Kwaśniewskis 2005 und dem Aufstieg der von den Kaczyński-Brüdern gegründeten PiS legte die polnische Politik den geschichtspolitischen Rückwärtsgang ein. Eine 2006 vom Sejm verabschiedete »Lex Gross«

bedrohte mit einer Freiheitsstrafe von bis zu drei Jahren, wer die »polnische Nation« der Teilnahme an kommunistischen oder nationalsozialistischen Verbrechen bezichtigt. Zwar hob das Verfassungsgericht das Gesetz eineinhalb Jahre später auf, aber dessen nationalapologetischer Geist wabert weiter. 2018 unterzeichnete Präsident Andrzej Duda das sogenannte Holocaust-Gesetz, das wiederum alle mit Strafe bedroht, die Polen Schuld oder Mitschuld an Nazi-Verbrechen anlasten.

Vor diesem Hintergrund ist auch die neuerliche Attacke auf Barbara Engelking zu erklären, die bereits 2021 zusammen mit dem in Kanada lehrenden Historiker Jan Grabowski wegen ihrer eingehenden Forschungen zum Verrat von Juden durch Polen von der regierungsnahen Stiftung »Redoute für den guten Namen« vor Gericht gezerrt worden war. Damals wie heute geht es den Populisten darum, jede kritische Auseinandersetzung mit der Geschichte als antipolnische Umtriebe zu stigmatisieren.

Willkommen im Europa der Gegenaufklärung, acht Jahrzehnte nach dem Holocaust.

26. Mai 2023

Letzte Worte

Die Rede vom »Strukturwandel der Öffentlichkeit« hat uns jahrzehntelang begleitet, aber wenig beunruhigt. Jetzt, im Strukturbruch, sollte das anders sein

Ob Texte wie dieser eine Zukunft haben? Keine Sorge: Die Frage ist prinzipieller gemeint, als sie womöglich klingt. Ihr geht es weder um die Befindlichkeit von Kolumnistinnen und Kolumnisten noch um die Kolumne als ein journalistisches Format, das sich im englischen Sprachraum schon vor langem, im deutschen aber erst in den letzten Dekaden wirklich entfaltet hat. Die Frage zielt auf die mediale Landschaft, in der Texte wie dieser entstehen und gelesen werden – oder auch nicht. Sie lenkt den Blick auf die Strukturprobleme einer sich seit ein paar Jahren ebenso rapide wie radikal verändernden Öffentlichkeit und darauf, was diese Veränderungen bedeuten werden: für unser Zusammenleben, für unsere Demokratie.

Die älteren Leser dieses Textes erinnern sich vermutlich an den Duft von Druckerschwärze, der morgens in der U-Bahn hing, sofern nicht gerade ein schweres Parfüm oder nasse Wolle alles überlagerte. Oder an das leise Murren, wenn man die eigene Zeitung für den Geschmack des mitlesenden Gegenübers zu schnell umblätterte. Derlei Sinneswahrnehmungen, noch vor drei Jahrzehnten Alltag, sind nahezu unmöglich geworden, seit Handy und Headset die Herrschaft übernommen haben.

Parallel dazu hat sich die Gesamtauflage der Tagespresse in der Bundesrepublik mehr als halbiert: Von gut 27 Millionen Exemplaren 1991 auf weniger als elf Millionen im vergangenen Jahr. Sogar der notorisch zweckoptimistische Bundesverband

Deutscher Zeitungsverleger (BDZV), unter dem ungeliebten Matthias Döpfner zum Bundesverband Digitalpublisher und Zeitungsverleger (BDZV) auftoupiert, räumt mittlerweile ein: Nurmehr gut die Hälfte der deutschsprachigen Bevölkerung über 14 Jahre kommt noch mit Nachrichten auf Papier in Kontakt. Ein Fünftel wird von »Zeitungsangeboten«, ob analog oder digital, überhaupt nicht mehr erreicht.

Wer sich in dieser Situation mit Statistiken tröstet, wonach 70 Prozent derjenigen, die eine gedruckte Zeitung abonniert haben, diese »vermissen« würden, gäbe es sie nicht mehr, hat den Schuss nicht gehört. Auf etlichen Dörfern im Landkreis Greiz hallt er bereits nach: Dort hat die Funke Mediengruppe 2023 die teure Botenzustellung ihrer *Ostthüringischen Zeitung* beendet und fast die Hälfte der meist älteren Leserinnen und Leser verloren; selbst mit einem vergünstigten Tablet waren die wenigsten für die Digitalausgabe zu gewinnen. Das sind zwar noch keine Zustände wie in den USA, wo es einerseits längst halbe Bundesstaaten ohne Lokalpresse gibt und andererseits sogar Gratisabonnements kaum Abnehmer finden. Aber Faktum bleibt, dass man in den dünnbesiedelten Ecken Thüringens der Zeitungswüste beim Wachsen zuschauen kann – genauso wie dem Gefühl des Abgehängtseins, das den Rechten in die Karten spielt.

Derweil versteht sich die AfD perfekt darauf, den vor unser aller Augen sich vollziehenden Strukturbruch der Öffentlichkeit – das Wort vom »Strukturwandel« trifft es nicht mehr – für ihre demokratieverachtenden Zwecke zu nutzen. Wie das sogar mit Hilfe des angeschlagenen öffentlich-rechtlichen Fernsehens geht, ließ sich letztens bei Markus Lanz studieren, der offenbar der Quote wegen glaubte, gleich zweimal binnen zweier Monate Tino Chrupalla einladen zu sollen. Das empörende Heimspiel des AfD-Vorsitzenden im ZDF lag keine

24 Stunden zurück, als ein reichweitenstarker »Börsenprofi« auf Youtube von seiner Küche aus die rechte Nachlese lieferte. Mehr als 900 000 Nutzer erfuhren auf diese Weise, wie der Co-Chef der Rechten die Talkshow angeblich »zerlegt« und seinem Gastgeber »mal wieder bravourös« den Spiegel vorgehalten habe. Eine AfD-kritische Analyse der Lanz-Sendung, ebenfalls auf Youtube zu finden, kam lediglich auf einen Bruchteil der Aufrufe.

An dem Beispiel lässt sich eine Menge ablesen über die Konsequenzen jener Kommunikationsrevolution, die in den frühen neunziger Jahren des vergangenen Jahrhunderts mit der Einführung des World Wide Web einsetzte und die vor kaum zwanzig Jahren mit medienrechtlich völlig unregulierten sogenannten Plattformen ihre heutige Missgestalt anzunehmen begann: Zum einen illustriert es, wie simpel es dank Facebook (seit 2004), YouTube (2005), Twitter (2006) und dem zuerst von Apple (2007) angebotenen berührungsempfindlichen Smartphone für uns alle geworden ist, aus der Rolle eines bloßen Empfängers von Nachrichten in die eines Produzenten und Senders zu wechseln. Seitdem kann potenziell jeder einzelne Mensch die gesamte Menschheit erreichen. Wer das für ein Märchen hält, der sehe sich die Accounts von Cristiano Ronaldo an, die sich auf eine Milliarde Follower addieren.

Zum anderen demonstriert das Beispiel aus dem deutschen Youtube-Sumpf, wie leicht der klassische Journalismus mit seinen ethischen Regeln, professionellen Standards und etablierten Verbreitungskanälen nicht nur umgangen, sondern geradezu konterkariert werden kann – und damit die Idee einer sowohl demokratischen als auch verantwortlich kuratierten politischen Öffentlichkeit.

Die »Selbstermächtigung der Mediennutzer« (vormals: des Publikums) habe einen Preis, hat Jürgen Habermas unlängst in einer pointierten Fortschreibung seiner berühmten Studie über den »Strukturwandel der Öffentlichkeit« (1962) argumentiert. Der werde fällig, solange der Umgang mit den neuen Medien »noch nicht hinreichend gelernt« sei: »Wie der Buchdruck alle zu potenziellen Lesern gemacht hatte, so macht die Digitalisierung heute alle zu potenziellen Autoren. Aber wie lange hat es gedauert, bis alle lesen gelernt hatten?«

Tatsächlich ist die Frage, wieviel Zeit noch bleibt, dem von Habermas beschriebenen demokratiepolitischen Doppelproblem der weit fortgeschrittenen Fragmentierung und gleichzeitigen Entgrenzung der Öffentlichkeit wirksam zu begegnen. Der im Februar 2024 endlich in Kraft getretene Digital Service Act der Europäischen Union wird die diskursverformende, disruptive Macht der globalen Plattform-Giganten vielleicht ein wenig bremsen, im Zeichen der Künstlichen Intelligenz aber längst nicht brechen. Die letzten Worte in diesem Ringen sind noch nicht gesprochen.

16. März 2024

Nachwort

Der vorliegende Band versammelt rund die Hälfte der Kolumnen, die ich auf Einladung der *Süddeutschen Zeitung* zwischen 2016 und 2024 alle vier Wochen geschrieben habe. Bei der Auswahl der Stücke, die auf der Meinungsseite der Wochenendausgabe erschienen (zwischendurch eine Zeitlang auch freitags), habe ich mich bemüht, einerseits das Spektrum der im Laufe der Jahre behandelten Themen abzubilden, andererseits aber auch die im Rückblick erkennbaren Schwerpunkte meiner Kommentierung. Deshalb sind die Texte zwar jeweils am Ende datiert, folgen aber nicht allein der Chronologie. Vielmehr habe ich versucht, sie in eine gewisse sachthematische Ordnung zu bringen.

Den ersten und nicht zufällig umfangreichsten Abschnitt bilden Kolumnen, die in einem weiteren Sinn Aspekte unseres Umgangs mit der nationalsozialistischen Vergangenheit behandeln. Getrennt davon, wenngleich natürlich nicht ohne inneren Bezug dazu, folgen einige Texte zum Problem der alten und der neuen Rechten in der Bundesrepublik; darin spiegelt sich über die Jahre hinweg nicht zuletzt die wachsende Bedeutung der AfD, von deren Radikalisierungspotential allerdings schon meine erste Kolumne handelte.

Einem Abschnitt über das Nachleben der DDR-Vergangenheit schließen sich einige Beiträge zum deutsch-jüdischen beziehungsweise deutsch-israelischen Verhältnis an, das nach dem 7. Oktober 2023 ebenso unerwartet neue Aktualität erlangt hat wie unser – in einem weiteren Abschnitt behandeltes – Verhältnis zu Russland und der Ukraine nach Putins Überfall auf das Nachbarland am 24. Februar 2022.

Den Abschluss bilden einige Texte, die den mehr oder weniger weltweit zu beobachtenden Aufstieg des rechten Populismus mit dem Begriff der »Demokratieverachtung« zu fassen versuchen und dabei unter verschiedenen Blickwinkeln auf den durch die sogenannten sozialen Medien forcierten Strukturwandel der Öffentlichkeit abheben, der sich womöglich längst als ein Strukturbruch darstellt.

Danken darf ich an dieser Stelle Thedel v. Wallmoden, der keine Sekunde zögerte, als ich ihm vor einiger Zeit die Idee vortrug, diese Stücke zum Abschluss der 2006 im Wallstein Verlag begründeten Reihe »Texte und Vorträge« des *Jena Center Geschichte des 20. Jahrhunderts* beziehungsweise unserer vor exakt zwei Jahrzehnten mit der Reihe »Beiträge zur Geschichte des 20. Jahrhunderts« begonnenen Zusammenarbeit zu publizieren. Vom ersten Tag dieser Kooperation an war Hajo Gevers dabei, der dankenswerterweise auch dieses Manuskript – wie mehr als ein halbes Hundert weitere in den genannten Reihen – mit großer Könnerschaft und mit seiner allseits geschätzten Geduld und Freundlichkeit in ein schönes Buch verwandelt hat.

Jena, im Sommer 2024 Norbert Frei

Namenverzeichnis